JN029865

서른살이 심리학에게 묻다
김혜남

as a person

人間として最良のこと

精神科医
キム・ヘナム
Kim Hye - Nam

バーチ美和 訳

日経BP

서른살이 심리학에게 묻다
Copyright © Kim Hye-Nam, 2008
Japanese translation copyright © 2023 by Nikkei Business Publications, Inc.
Original Korean edition published by Woongjin Think Big Co., Ltd.
Japanese translation arranged with Woongjin Think Big Co., Ltd. through Danny Hong Agency and The English Agency (Japan) Ltd.

Prologue——プロローグ

大人になるための間がない時代

かつては、だれもが20代の半ばから後半になると、会社に就職し、結婚をしていました。一生懸命にひとつの職場で働いていればある程度の昇進が保証されていたので、息もつけないほど忙しくても、明るい未来が待っていると思い、無我夢中で走りつづければよかったのです。

しかし、現代では、就職活動の時点で若さを使い果たし、現代の「大人」はなんの準備もなしに息苦しく冷たい現実のなかに投げ入れられてきました。

このような人々には、アドバイスと支援を与えてくれる、そんなメンターが切実に必要なはずです。

しかし、彼らは孤児と変わりがありません。

というのも、両親や教師の権威が地に堕ちてから久しく、いまやお年寄りたちは社会のお荷物のように扱われています。

それは、進むべき道を照らし出し、間違った道に進んだときに叱ってくれる、信頼できて頼れる大人がいなくなってしまったことを意味します。

もうわたしたちは、自分で生きる方法を学んでいくしかないのです。若い人たちが自己啓発や人間関係について書かれた本を熱心に読む理由もここにあります。

それだけではありません。「移行期」すら許されていないのです。

20代が終われば、両親から心理的、経済的に完全に独立する時期になります。

「真に大人になる」30歳以降は、その過程で生じる不安を克服するために、**新しい未知の世界に対する恐れを乗り越え、みずからをうまくコントロールできる中間の世界が必要です。**

精神分析ではそのような世界を「移行期」と呼びます。

幼いころに子どもが両親と分離される不安を和らげようと、テディベアやブランケットなど両親に代わるなにかに執着するのと同じで、本格的に大人の世界に入るには、不安を和らげてくれる時間と空間が必要なのです。

ところが現代の大人は、本来なら若さを発散させながらあれこれと試して、実質的に大人になる練習をするための20代半ばから20代後半を、深刻な就職難のせいで机の前で過ごしてきました。

そのため、それが終わると突然、大人の世界に放り込まれることになります。

予行練習もなく、未来に対する事前調査もなく、うしろから押されるようにして踏み込んだ大人の生活は、なじみがなく、不安でいっぱいです。

ですから、移行期すら持てない「現代の大人たち」は、メンターが姿を消してしまったこの時代を、いまさらながらさまようことになり、そのさすらいの旅は簡単には終わらないのです。

わたしは精神科医として、毎日、心に負った傷のせいで苦しむ人たちに会っています。ところが恥ずかしながら、わたしが彼らを治療しているのではなく、彼らがわたしを治療していると感じることのほうが多いのです。

幼いころからつらい日々を過ごしてきて、そのままなすすべもなく、成人になってからも苦しみとつらさに満ちた人生を送っている人たち。そのような人は、ときには苦痛に耐えきれず、ひどい統合失調症状を引き起こすこともありますが、症状が落ち着くと、ふたたび黙々と自分のポジションを守っていきます。

それは、まるで人生の痛みを理解し、その痛みを受け入れようとする求道者のようです。彼らがわたしに教えてくれるのは、どれほどつらくても、生きていく価値が十分にあり、社会と人々に対して根本的な信頼と希望を捨ててはいけないという事実です。

人生が思いどおりにいかず、つらいだけならば、だれもがさまようことになります。さまよいながら失敗をし、間違った選択をすることもあります。

わたしを訪ねてくる患者たちも、冷酷な現実のなかで生き残ろうとベストを尽くしたのに、ある瞬間から人生が手に負えなくなり、病的な混乱をきたしたのかもしれません。

人々は、彼らのことをつらい状況に負けた敗者と見るかもしれませんが、わたしはそうは思いません。

彼らは人生をあきらめたのではなく、その状況にふたたび立ち向かう力を得るために、

わたしを訪ねてくるのです。そして、最後にはもとの場所に戻っていきます。彼らは決して敗者ではありません。

あなたも同じです。

進むべき道を見失うこともあるかもしれませんが、それは最善の人生を送るための努力の一過程であり、決して無駄なことではありません。

ゲーテはこう言っています。

「人は努力する限り迷うものだ」

ですから、あなたはいま、ベストを尽くしているのです。

迷っているからといって、敗者ではありません。挫折したり、委縮したりする必要はないのです。わたしがあなたに伝えたい話は、ひとつだけです。

「あなたはいつでも正しいのです。だから、迷うことなく世の中に出て行きましょう！」

キム・ヘナム

Contents——目次

Chapter 01

成熟とはなにか

Chapter

02

あなたの成熟をはばむのも心である

Chapter

03

仕事と人間関係抜きには成熟しない

Chapter

04

愛は人間としての成熟を連れてくる

Chapter

05

ベストを尽くしたから、あなたは正しい

Chapter

01

成熟とはなにか

「クールな人」は完璧か？

「わたしが耐えられないのは、クールでない自分自身なんです」

この言葉がしばらくのあいだ、耳から離れませんでした。少し前にひとりの患者が口にした言葉です。

彼女は恋人にふられたのです。わたしは失恋がときに死よりも苦痛であることを知っています。

ところが、彼女は失恋をしてもう愛する人に会えないことよりも、このくらいの別れを〈クール〉に吹っ切れずに、何日も憂うつな気分でいることに耐えられないと言うのです。クールでないことが、彼女を惨めで憂うつな思いにさせていたのです。

そんな彼女の姿は、とても可哀想に見えました。真剣に愛したのであれば、不意に訪れた失恋の痛みから逃れられる人などひとりもいません。

むしろ、苦しいのに苦しむことができない人、悲しいのに悲しむことができない人のほうが、問題を抱えている場合が多いものです。彼らは感情を表したときに起こる状況が怖くて、いつのころからか湧き上がる感情をひたすら抑え込んできたからです。

適切に表に出されない感情は、心のなかに膿のように溜まっていき破裂します。どんなことに対しても感情を噴出させるのは問題ですが、感情を抑制しすぎるのもよくないのです。

だから、彼女がふられたときに憂うつになるのは、とても当たり前で、むしろ精神上はいいことです。しかし、彼女には当たり前だと思えなかったのです。

クールな人とナルシストとの共通点

〈クール〉に愛して、〈クール〉に生きることを望む人がいます。彼らにとって最高のほめ言葉は〈クールな人〉です。なぜ〈クール〉なのでしょうか?

クールな人たちは、人の顔色をうかがうことなくやりたいことをやります。また、洗練された着こなし、冷静さ、落ち着き、余裕ある笑みを武器に人生を楽しみ、仕事をそつなくこなし、他人には関心がなさそうな視線で進むべき道を歩んでいきます。

ところが、ジャーナリストのディック・パウンテンの言葉によると、クールの本質はつねにクールに「見える」ことにあります。**つまり、他人から向けられる視線が大事なのです。**

もちろんクールな人は、周囲からは他人の視線に無関心に見えます。そのため、そばにいる人たちは、まるで存在していないかのように「異邦人」となってしまいます。すると異邦人たちは、視線をこちらに向けさせたくて、渇望するような眼差しで彼を見つめるようになります。

クールな人が望むのがまさにそれです。**無関心なふりをしているだけで、内心は他人の愛情に飢えており、愛情を渇望するあまりにパニックになることさえあるのです。**他人の関心と愛情を求める気持ちを他人に投影し、それを蔑視することで、感情から自由になるのです。

そのため、クールな人はとことん自己中心的です。彼らは世の中を映し鏡としてとらえ、**他人の目に映し出された自己イメージ以外には興味を抱きません。**他人の瞳に映ったイメージと、相手が感嘆の声を上げて見つめる自分の姿に、満足感を求めるだけなのです。

ここで一役買うのが氾濫するイメージの世界です。人々は手にしたスマホやデジカメで絶えず写真を撮っています。どこでもすぐに取り出せるカメラは、現実の生活をひとつのイメージにしてしまいます。まるでいつも目の前にカメラがあり、だれかに行動を見られているかのように笑みを浮かべ、状況を演出しているのです。しかし、目に見えるイメージに没頭してばかりいると、他人の感情を気にかける余裕を失ってしまいます。クールな人が他人の感情に共感できず、自分の感情にのみ忠実なのはまさにこのせいです。

だからでしょうか。**クールな人たちはナルシシストに似ています。**

人はだれかが見てくれることを望みます。

それは赤ん坊のときに、母親が目を合わせてくれるのを待っていた、無意識のなかに沈んでしまった記憶から始まります。

子どもは母親の愛に満ちた瞳で見つめられると、確固たる自信を得られます。それがあれば、もはや外部の視線になどこだわらなくなります。

反対に、母親が子どもを見つめなかったり、気が向いたときだけ見つめたりする場合、子どもは自分が劣っていると感じ、見捨てられるかもしれないという恐怖に怯えるようになります。そして、子どもは劣っている自身を否定し、守るために、他人から愛される全知全能で大げさな自己を作り出します。別名「嘘の自分」です。

そうやって、池に映った己の姿に惚れて恋に落ち、成就できない愛の苦しみのなかで病み、ついには命を落としたナルキッソスのように、他人の瞳に映った自分の姿と恋に落ちるのです。

こうしたナルシシストたちの過大な自己は基盤が弱く、自尊心を保つためには外部からつねに確認してもらわなければなりません。**そのため、現代のナルシシストたちは独立心があり、周囲のことに無関心のように見えますが、他人の目にどう映るかがいつも気になり、他人の視線に敏感です。**他人のわずかな視線やつまらない言葉にも深く傷つきます。また、他人の視線に依存するしかない弱い自分を否定するため、他人から傷つけられないようにするため、むしろだれにも頼るまいとするのです。

なにごとにも執着しない人は、傷つきたくない人

クールな人たちも同じです。彼らは他人と親しい関係を結ぶのを避けます。あえて感情的な距離を保っているのです。そうすることで、彼らは対人関係で傷つかないように、自身を守っているのです。

「東京について寮に入り新しい生活を始めたとき、僕のやるべきことはひとつしかなかった。あらゆる物事を深刻に考えすぎないようにすること、あらゆる物事と自分のあいだにしかるべき距離を置くこと――それだけだった」

これは、村上春樹の小説『ノルウェイの森』(講談社、2004)の主人公ワタナベの言葉です。

なぜワタナベは距離をとる必要があったのでしょうか？　彼は、過去になんの理由も説明もなく、突然いちばん親しい友人を自殺で失う体験をしています。友人の自殺は、繊細なワタナベに大きな混乱と悲しみ、そして裏切られたという思いを残します。ワタナベは耐えられない混乱を乗りこえるために、受けた傷がたいしたことがないかのように振る舞

います。自分の中に湧き上がる、コントロールしがたい感情に振り回されず、その感情をコントロールする「逆説的な超然さ」を武器として前面に押し出したのです。

「逆説的な超然さ」とは、他人や物事に対してはもちろん、己の感情とも距離を置くことを意味します。そのときどきの感情に忠実ではあるものの、怒り、悲しみ、さびしさなど、長いあいだわだかまりになるネガティブな感情には超然的な態度を取るのです。**これは、相手がだれであっても情緒的な関わりを持つのを避けようとする態度です。**

クールさに隠れた「逆説的な超然さ」は、対人関係で傷つかないようにするのと同時に、現代社会で味わう挫折感と喪失感から守るための防御装置でもあります。

現代社会は、過去のどの時代よりも個人が、他人から支配されず、自分の考えで行動することが保障された、豊かで華やかな社会です。

しかし人々は、はたから見えるのとは違い、むしろ漠然とした不安と喪失感に苦しんでいます。なぜならば自由には、個人がすべてひとりで決め、それに対する責任もひとりで負わなければならない、という意味が含まれているからです。そのうえ、わたしたちの生活は連日のようにマスコミが取り上げるスターたちの華やかな生活に比べて、かぎりなく見劣りがします。

わたしたちが無力さや不安を感じるのは、社会の構造のせい

あらゆる所から聞こえてくる人々の成功談は、わたしたちの無能さを一層際立たせます。なにかを成し遂げても、自分よりも大きな成功をおさめた人たちが必ずいます。

そのため、人はかぎりなく自身を他人と比べ、また他人にも比べられる「誤った社会的な比較」の枠にとらわれ、漠然とした不安と無力さに苦しめられるしかないのです。

このような喪失感、無力さ、不安などは個人ではどうにもなりません。

これに対応するために、たいしたことないと笑ってごまかし、あらゆる不合理を社会の誤った遺産と考えて嘲笑するのが便利なこともあります。このような逆説的な超然さが必要になるのです。

たとえば、奴隷がいたような時代には、奴隷にとって〈クール〉さは生き残るための一種の心構えでした。つまり、終わりのない搾取と差別、不利益を耐え抜くために考え出された防御装置だったのです。現代社会でも〈クール〉は、その奴隷のように、異なる社会的挫折と剥奪感から身を守る防御策として使われているのです。

社会が不安であるほど、人は目の前の快楽だけに没頭する

クールさのもうひとつの特徴は快楽の追求です。

日本のある青年研究所がおこなった、青少年の人生目標に関する調査によると、日本の青少年は人生の目標に「多くの友人とつきあうこと」を挙げ、中国の青少年は「金持ちになること」を、米国の青少年は「円満な家庭を築くこと」を挙げています。

韓国の青少年はなんと答えたでしょうか？　彼らの大多数が「楽しむこと」と答えたのです。それが人生をあるがままに楽しもうという耽美主義的な意味であればさほど心配することはないのですが、「クールに楽しむ」という意味が強い場合、話は変わってきます。その中には韓国の青少年が社会と未来に対して感じる不安と冷笑が込められているからです。

「クールに楽しむ」ことは、その瞬間に耽溺することを意味します。社会が不安で、未来が不確実であるほど、目の前の快楽だけに没頭する傾向が顕著になります。

あらゆることが急激に変化する世の中では、過去のものはあっという間に役立たずになってしまいます。そのうえ、流行や技術的な面だけでなく、価値さえも急速に変化する社会の中で、人々は未来とはコントロールでき、みずから創り出せるものだと思える自信を失ってしまいます。**人はこのように未来に対する自信さえも失ってしまうと、今後の人生を計画することよりも、現在に没頭するようになります。**明日どうなるかわからないのに、こつこつと貯金をするような愚か者はいません。

しかも、現代の消費主義は人々の欲望をあおり、快楽を貪欲に追求することを正当化するだけでなく、美徳とまで称賛します。そのため、クールな人たちは悩みの解消法にショッピングを用います。

このような、もはやなにも信じられない世の中で生き残る方法は、なにも信じないこと、なにに対しても心を許さないこと、ひたすらその瞬間を楽しんで生きることです。クラブで人波に混じって楽しく踊っていても、すぐにその場を離れられる冷静な情熱を持って。

生きている人間は、本来はクールではない

しかしクールでいるには、さきほども言ったように、他人の視線が不可欠です。ここにジレンマがあります。クールな人も年を取れば、他人の視線を惹きつける若さを失っていきます。いくらクールにふるまっても、もはや他人が振り返ってくれなくなるときが来るのです。

クールさは差別的です。

クールさは、資本主義的なものの上に育ってきました。ですので、物質的で世俗的な面があります。別の言い方をすると、クールでいるにはそれなりの財力が必要なのです。

ドラマ『パリの恋人』に登場するパク・シニャンはクールです。『私の名前はキム・サムスン』のヒョン・ビンや『コーヒープリンス1号店』のコン・ユも同じです。しかし、『パリの恋人』のキム・ジョンウン、『私の名前はキム・サムスン』のキム・ソナ、『コーヒープリンス1号店』のユン・ウネは、同じドラマに出ているのに、かならずしもクールではありません。

クールではない彼らの共通点は、主人公である点です。クールだけではドラマはできません。一生懸命生きているということが彼らにクールでいることを許さないからです。

このことについては、キム・ビョラの小説『奇妙なオレンジ』*で、次のように表現されています。

「クールというのは、限りないやさしさなんだ。どろどろとした人生の重力圏の外側にいるってことだよ。生きている人間には、絶対に許されないんだ。生きていようとしたら、日常的に呻き声をもらすものだから」

人生は、本来クールであることを許しません。だから、クールさという鎧で武装しようとする人たちが哀しみを覚えないわけがありません。

クールさに命をかける人たちは、文字どおりかっこよく、自由で、垢ぬけているように見せようと努力するのですが、実は一歩先のこともわからない時代で生き残ろうと悪態をつき、孤独なのに傷つくのを恐れてさびしさに耐えているのです。

しかし、隠したり抑え込んだりしている怒りが、自分を害することもあるということは覚えておいてください。

＊訳注／2001年にイルムから刊行された短編小説アンソロジー。未邦訳

感情があるのは、当然のこと

「わたしは躁うつ病なんです」

最近、よくこういう言葉を聞きます。感情の起伏が激しいことを表現しているのでしょう。

こういう人たちは機嫌がよかったかと思うと急に悪くなるなど、気まぐれがひどく、ちょっとしたことにもすぐに気分が落ち込み、しょっちゅう苛立つものです。ドラマを観ていてもよく泣くし、だれかにちょっとほめてもらったら舞い上がりそうなくらい喜びます。

ところが、よく聞いてみると、とくに無理せずとも日常生活や職場生活を送っていて、睡眠などもこれといった問題がないのです。その場合、わたしはこう答えます。

「あなたの感情があなた自身に伝えたい言葉があるみたいですね」

人間は感情の動物です。外側を覆っているものが理性ならば、内側を満たしているものは感情です。

問題なのは、理性はわたしの言うことを聞くのに、感情がわたしの言うことをまったく聞かないことです。感情は自分勝手です。

本当の躁うつ病とは、脳の生化学的な変化によって、感情がコントロール可能な範囲を超えてしまった状態を言います。しかし、気分が変化するだけで、言葉や行動、日常生活、睡眠などに異常が見られないときは、躁うつ病だとは言いません。

しかし、同じ状況になればだれでも感じる当たり前の感情を感じたとき、「わたしは躁うつ病だ」と考える人が多いのです。そのため「そんな状況ならば、わたしも同じように感じると思う」と言うと、とても驚かれます。

彼らは明らかに感情的で、感情の起伏が多少あるものの、躁うつ病と診断すべき状態では決してありません。それにもかかわらず、彼らは躁うつ病になっていると言います。つまり、感情に振り回されていることに我慢できないのです。感情がつねに落ち着いているのが正常だと考えているからです。感情によって影響を受けるよりは、感情を完全にコントロールしたいと考えています。

現代の子どもたちは両親の過剰な愛と期待で、感情が過剰な状態に陥っています。ひどい場合には、子どもの代わりに感情を整理する親までいます。

たとえば、ある両親は子どもが怒って息まいていると、子どもがみずから感情を整理するまで待てずに、親が率先して怒りの原因と戦ってしまいます。そうなると、子どもは怒りの感情を落ち着かせる方法を体得できません。

そうしたことが繰り返されると、子どもは自分の感情がどのようなものなのか正確にわからず混乱し、恐れるようになります。また、幼いころから行き過ぎた統制のなかで育ってきた人たちは、統制されることに極度の抵抗感と怒りを覚えます。

彼らにとって、感情はもはや異物のようなものです。当然、これらに支配されるのに耐えられません。だからどんな感情であっても抑圧しようとがんばったり、「躁うつ病」という病にかかっているのではないかと心配したりするのです。

本来、わたしたちの人生では感情は音楽と同じです。わたしたちの内的世界と外的世界が出会って作り出す一種のハーモニーです。

そのため、感情とは恐れるものではなく楽しむべき、人間だけが持つことができる神からの贈り物です。

感情の起伏が激しくて苦しんでいるならば、その感情が出す声にそっと耳を傾けてみましょう。

感情は、どんな葛藤が心にあるのかを伝える信号です。その原因さえわかれば、問題を解決する力を得て心の平安を取り戻すことができます。

もしかして顔は笑っているけれど、心で泣いている?

ある日、なにげなくテレビをつけたら「ソクソ」という耳慣れない言葉が聞こえてきました。娘の顔をちらっと見ると、やはりわたしの娘です。

「またお母さん、困っている。『ソクソ』がなんだかわからないんでしょ? ソクソは腐った微笑の略語」

それから、テレビに出ているひとりの男性を指さして、こう言うのです。

「ああいう表情がソクソ」

「腐った」という言葉が、なぜよりにもよって「微笑」という言葉の前につくのでしょうか、なぜそんな言葉が流行っているのでしょうか?

この世でいちばん美しい言葉のひとつである「微笑」の前にくる言葉としては、「腐った」はあまりにもひどくないでしょうか。しかし、苦笑いを表す、この言葉こそ顔で笑って心で泣く、昨今の人たちを表す言葉なのではないかという気がします。

「こんなはずじゃなかったのに」

彼は小さな島で生まれました。両親は、彼が生まれるとすぐに、休んでいた航海を再開します。船が彼の家になりました。そんなに大きくはないものの居心地のよい船です。彼は船長である父、そして航海士と調理師を兼任した母から多くのことを学びます。航海する方法、地図の読み方、台風に対処する方法、魚を捕まえる方法等々です。

父は、大人になったら港で下船し、自分の旅を始めなければいけないと彼に伝えます。そして、彼さえ努力すれば、港で美しく立派な馬車を買い求め、陸で人々がうらやましがる旅をすることができるはずだ、とも言いました。彼はその日が来るのを指折り数えて待ちました。船のなかが退屈でうんざりするときも多かったのです。

船のなかでテレビやインターネットなどを通して見た外の世界は、あまりにもすばらしく華やかでした。

ドラマや映画では、つねに若くかっこいい男女の間で夢のようなラブストーリーが繰り広げられ、彼らの豪華で裕福な姿を見ることは、退屈な現実から逃避することであり、憧れの対象でした。広告は、世の中にはすばらしい商品がたくさんあり、成功さえすればそれらすべてを手に入れられると誘惑してきます。

ときには危険なときもありましたが、家族での航海はかなり順調でした。いつしか遠くに港が見えはじめると、彼にときどき舵を握らせていた父は、どの港に停泊すべきか考えなさい、と伝えました。彼は熱心に地図を見ては、どこに停まるべきか夢中になって考えます。

そうこうしているうちに船はある港に着きます。

興奮と冒険心に胸が踊る一方で、彼の心には不安と悲しみがありました。これで両親がいる港ともお別れだな、これからはひとりで行かなければならないんだ。

しかし、好奇心のほうが勝り、彼は力強い歩みで船を降ります。

港には思っていたよりもずっと多くの人がいました。彼らはみな、よりよい馬車を手に入れようと奔走しています。自分も早くお金を稼いで馬車を買おうと決意し、事前に考えておいた場所に向かいます。

しかし、すぐには見つかりません。港の地図を覚えておいたはずなのに、港の姿が大きく変わってしまったせいで、地図とは異なるところが多かったからです。そのせいで、道を間違えて迷い、ぬかるみにはまって服が汚れてしまいます。

「だれがこんな地図を作ったんだ」

彼はひとりつぶやきます。

紆余曲折のすえに仕事を始めましたが、なかなかお金は貯まりませんでした。さらに、信頼できる仲介人に出会うことも、頑丈でいい馬車を選ぶことも簡単ではありません。

この旅路の先に花咲き乱れる野原が続くわけではなく、石だらけの道や険しい山道を通るかもしれないのに、はたして馬車なんかでどこまで行けるのだろう？

彼にとってはすべてが不確実です。船に戻りたい気持ちでいっぱいでした。なかにはすでに派手な馬車を手に入れて出発している者もいました。彼は焦りはじめます。競争かなにかのように、遅れを取って落ちこぼれないか心配になりました。いままでテレビや夢のなかで見てきたものよりも劣ってみすぼらしい自身を振り返りました。だれも平凡な自分に目を向けてくれない。すべてが虚しく感じられました。

訳もわからない怒りすら湧き上がってきます。

彼は「こんなはずじゃない、こんなはずじゃなかったのに」という思いとともに、憂うつになってきました。そんな憂うつさは失敗を意味しているようで、彼はさらに挫折するしかありませんでした。

大人になるとは、夢みていた自分とはまったく違う自分の姿を直視すること

人生を旅に例えるならば、先のエピソードのように両親の船から下りて、ひとりで旅を始める時期、つまり人生で心理的・物理的な独立をする時期は大体30歳ぐらいです。

この時期に前後して、大部分の人たちは職場で安定したポジションにつき、結婚をするようになります。

以前は、20歳を過ぎるとこうした独立を準備しはじめたものですが、技術が発達し、世の中が複雑になると、学んで準備すべきものが徐々に増えていき、最近では30歳前後になるまでその時期が延びています。

そのため、30歳は人生の発達段階でのひとつの転換期となります。**この時期の決定がひょっとすると今後の人生を左右することもあるのです。**

父母の保護や干渉から離れて人生の主人公となる独立は、わたしたちが強く望んでいたことです。

しかし、独立には自由や希望と同じくらい、悲しみや恐怖が伴います。

なぜかというと、両親から独立するということは両親との別れを意味し、両親のもとで安全に守られながら暮らしていた幼い時期との決別を意味するからです。

独立はまた、責任という重い荷を背負うことを意味します。

幼いころは、失敗をしても幼いという理由で、責任を負わずにすみますし、多くのことが許されました。また、20代までは羽目を外しても、失敗をしても、むしろ青春の証として受け入れられます。

しかし30代になると、間違った港を選ぶことも、間違った馬車を買うことも、間違った道を進むことも、すべて自分の責任。役立たずの地図を信じただけであってもです。つまり、役立たずの地図を渡した人物に「失った時間を償え」と文句を言ったところで聞き入れてもらえるわけでもなく、過ちを取り戻してくれる人もいないことを意味します。ようするに、権利よりも義務のほうが大きくなる時期に入るのです。

一方で、この時期は夢と現実が衝突する挫折のときでもあります。

船の上から眺めた世の中はとても華やかです。また、世の中は一生懸命に勉強をしたら、あらゆるものが手に入るとわたしたちにささやきます。しかし、富と成功を夢見ながら下船したわたしたちを待つのは、弱肉強食の法則が支配するむごい現実だけです。

この時期は残酷なことに、「わたしはこういう人間になるんだ。こうやって暮らすんだ」

と考えていたわたしたちに鏡を突きつけてきます。

その鏡には、幼いときに夢見ていたのとはあまりにも違うわたしたちの姿が映っています。**あれほど軽蔑してきた、俗物の世界で暮らそうとがんばる己の姿を直視しなければならない、失望の時期がついにきました。**

イギリスの哲学者でエッセイストのアラン・ド・ボトンは、俗物とは「ひとつの価値観を大げさに口にする人」だと定義し、俗物固有の特徴は「社会的地位と人間の価値を同じものとみなすこと」だと言っています。

自分の俗物さを認められない人間が、上の世代のせいにする

幼いとき、わたしたちは大人とは物質しか知らない俗物だと軽蔑していました。彼らが提供する俗物的なものの恩恵を受けているのにもかかわらずです。しかも、わたしたちの望む物質的な豊かさを提供できない大人のことを無能だと蔑視さえしました。

こうしたダブルスタンダードは、大人の世界を拒否しながら、いつまでも大人たちの保護と愛情を受ける純粋な子どもでいたがるピーターパンの心理だと言えます。

ところが、30歳になるとわたしたちの心のなかにも大人たちと同じ貪欲さ、嫉妬心、権力欲などがあることに気がつきます。**こうした自覚は、自分は正しく、善良だと信じていた気持ちに大きな打撃を与えます。**

それだけでなく、生活のために、間違っている上司に頭を下げ、ときには仮面をつけて媚びなければなりません。処世術に長けた人が成功する世の中に腹を立てながらも、いつまでも冷ややかな態度を取っているわけにもいきません。若いころ抱いていた純粋で正義感に満ちた人生の情熱も薄れていき、だんだんと俗物になっていくわが身を見ながら、絶

望し葛藤するのです。

しかし、みずからのうちに危険で世俗的な欲望があるのを認められない大人になりたての若者たちは、そんな属性を上の世代のせいにします。つまり、他人に投影するのです。**彼らの目には、上の世代を象徴するような権威的な人物たちが、以前にも増して利己的な俗物として映るので、権威に挑戦し抵抗することになります。**もちろん彼らに返ってくるのは上の世代に対する大きな失望です。

しかし、財産や名誉を手に入れたいという欲求はだれにでもあります。そうした欲求がどんな装いで現れるかという違いだけです。

わたしたちが生きていくには、自分の人生が大切なものだという確信が必要

しかも現代社会の俗物根性とは、財産や社会的地位を目指すのではなく、群れから仲間外れになるまいとする集団的なあがきに近いのです。

最近の若者でブランド物をひとつも持っていない人はほとんどいません。大型車にブランド物の服やバッグ、高級時計は成功を表す一種の標識になるため、つまはじきにされる

のを恐れる若者たちは、先を争ってブランド品で装うのです。昔の俗物根性の出発点が欲望だったなら、現代社会の俗物根性は不安から始まっています。

そのうえ、大人の世界はむごく不合理な現実の世界で、敗者になる可能性につねに直面しています。成功した人にだけスポットライトが当たる世の中では、ちょっと間違えるとだれからも関心を持ってもらえない人生を送ることになります。

わたしたちが生きていくには、自分の人生が大切でかけがえのないものだという確信が絶対に必要です。そうした確信がなければ、人間は生きられません。

しかし、ほかの人にない個性や重要性を発見する機会は、現代社会では与えられません。いつ水の泡になるかわからない努力や時間は、耐えがたい虚しさやはかなさをもたらします。

そのため、大人の入り口の時期は希望と可能性に満ちた年齢でありながら、当てのない旅と挫折、そして憂うつさにとらわれる年齢でもあります。

人生でひとつの転換期として、未来の方向を決める重要な選択の時期として、ひとり立ちしなければならない実質的な独立の時期として、夢から現実へと移行する挫折の時期として、**大人になる日々はつらいだけなのです。**

現代の大人には、本来なら経験する別れの悲しみがない

大人になることは、ひとつの世界の終わりであり、新たな世界の始まりです。

ひとつのドアがばたんと閉まり、別のドアが開かれると、それまで享受していたことをあきらめなければならない年齢。開かれたドアの向こうになにがあるのかわからない状態で、ひとりでなかに入っていかなければならない年齢。だから大人になる時期はそれまでの若さに蓋をするかのように、重くなっていきます。

吉本ばななの小説『キッチン』（新潮社、1988年）は、大人になっていくときに経験する別れの悲しみや彷徨《ほうこう》、それを乗り越えていく過程を描いた成長物語です。

両親を早くに亡くし、祖母とふたりきりで暮らしてきた23歳のみかげは、ある日、祖母の死に直面します。完全に天涯孤独になったのです。

そんなみかげは、冷蔵庫の横にふとんを敷いて寝るほどキッチンが好きです。

このときのキッチンとは「口唇期的」な渇望を意味します。

口唇期とは、生後まもない赤ちゃんの時期のことです。まだ大人になる準備ができていない状態で自立しなければならなくなったみかげは口唇期へと戻り、母親の胸が恋しくてキッチンで寝るのです。

そんなある日、みかげの前に変わった家族が現われます。無口だけど、とてもやさしい男子学生の雄一と、もとは男性で性転換手術をして女性になった雄一の母がその家族です。彼らはキッチンにこだわるみかげに干渉したり急《せ》き立てたりはしません。家に遊びにくるみかげが、悲しみから立ち直るのをなにも言わずに待ってくれます。

みかげは雄一の家族の細やかな思いやりや配慮を感じながら、ゆっくりと傷を癒し、世の中に対する信頼を回復していきます。そして、ふたたび生きる力を取り戻したみかげは、世の中へと向かうドアを開く準備をするのです。

現代人には、大人になるための中間世界がない

大人になる過程での不安を克服するには、本来は雄一の家のように、新しく不慣れな世界に対する恐怖心を取り除き、自分を癒してくれる中間世界が必要です。

新しい世界に行くための一種の試験場が必要なのです。

こうした世界は童話『小公女』にも見ることができます。主人公のセーラが暮らす屋根裏部屋がまさにそれです。

セーラは寒く、劣悪な屋根裏部屋を「……のつもりで」と空想遊びで幸せな部屋に変えて現実の苦しさに打ち勝ち、自身への尊厳と世の中に対する信頼を守り通すのです。

この中間世界を精神分析では「移行期」と呼びます。

「にくたらしい3歳[*]」という言葉を聞いたことがあるかもしれません。この年齢になると、子どもは両親とつながっていた心理的な結びつきを切り、自分と両親がそれぞれ独立した存在であることに気づきます。それでも、その不安を解消するために「移行対象(transitional object)」、つまり両親の代理となる物に執着します。2歳の子どもたちがクマのぬいぐる

＊訳注／韓国では数え年で3歳ごろのイヤイヤ期の子どもをこう呼ぶ

みや毛布、枕などをぎゅっと抱きしめて離そうとしないのは、まさにこのためです。

大人になり、本当の独立をする時期には、経済的な能力を獲得するとともに、これからは両親に依存せずにひとりで家庭と人生を築いていきます。

そういう意味で、20代くらいが本来、中間の空間としてさまざまな練習をする時期だと言えます。この時期には人々とつきあい、親しくなることを学び、生涯をともにする配偶者を探し、燃えるような愛に身を任せ、夢に描く世界を実現させるために社会的な問題に情熱を燃やすこともあります。

そしてなによりも、適性に合った職業を求めて何度も試行錯誤を繰り返すものでした。しかし、こうした20代の過渡期的な性質が失せてしまってから長い年月が経ってしまいました。就職の門戸が狭くなった最近では、若さの発散や実験期という20代が持つ本来の意味を失い、中高校時代の延長期間になってしまいました。

行動しながら学ばなければいけない時期に、まず仕事にありつくための競争に没頭しなければならないのです。

その結果、最近の若者たちは準備期間もなく、独立を迎えることになります。就職に若さを費やしてしまった彼らは両親から独立するのと同時に、

息つく間もなく冷たい現実の

なかに放り込まれます。

さまざまな経験をして、恐怖と不安を和らげる――ファンタジーを抱く中間の世界がなくなってしまったのです。そのため、独立と依存のあいだで葛藤する気持ちをなだめて、世の中と人々に対する不信を振り払い、自分の未来を創り上げるために、希望に満ちた足取りで歩みださなければならない彼らは、憂うつさに苦しみます。

見た目は笑っているのに、心のなかでは泣いているのです。

選択の可能性が無数にあることによる呪い

ここにすばらしい世界があります。

そこは、「共同性、同一性、安定性」という標語を掲げた場所で、子どもたちは体格や知能、性格などの特性はもちろん、職業や趣味、適性も人工的にあらかじめ決められて生まれてきます。

たとえば、熱帯地方で労働者として働くことになる胎児には睡眠病*やチフスに対する免疫力をつけます。そして、ロケットの操縦士になる胎児は、平衡感覚を鍛えてあげることで、逆立ちの状態でも幸せに感じるようにします。

このように徹底した人工操作で大量生産された子どもたちは、成人後は生まれたときからすでに決まっている仕事さえすれば、必要に応じて十分に物質が供給されます。また、最先端科学設備のおかげで便利な生活をすることができ、性生活も自由におこなえます。肉体的苦痛や物質的な悩み、心配、不満があるわけがありません。

しかも、それでも悩みや不安が生じた場合は、幸せな感情を維持できる「ソーマ」とい

＊訳注／アフリカ・トリパノソーマ症の別名。寄生虫による疾病中枢神経系への影響が出る

う錠剤を飲めばよいのです。ソーマは「しばらくのあいだ、現実から逃れることができ、戻ってくるときも頭痛に悩まされることがない」特効薬です。

これは、オルダス・ハクスリーの『すばらしい新世界』（黒原敏行訳、光文社、2013年）に描かれた世界です。

しかし、小説中でジョンという男性は、新世界の指導者であるムスタファ・モンド総統にこう言います。

「不幸になる権利を要求します」

「それならば、老いて醜くなる権利、梅毒と癌にかかる権利、食べ物が尽きる権利、しらみだらけになる権利、明日なにが起こるかわからず不安に震える権利、腸チフスにかかる権利、言葉で言い尽くせないあらゆる悩みに苦しむ権利を望むというのか？」

長い沈黙のすえに、ジョンは答えました。

「はい、わたしはそのすべての権利を要求します」

わたしたちは1日のうちに150回、選択をしなければならない

すべての人間が安定と幸せのなかで暮らしているのに、なぜジョンはあえて不幸になる権利を要求したのでしょうか。

あらゆることが他人によってすでに決められており、それに従いさえすればよい人生。そこには人間を規定するもっとも大切なことが抜けています。

それは、たとえ不幸になることがあっても、人生をみずから選び、実行する自由です。ジョンは決められた未来ではなく、自分の心に従って選び、みずから開拓していくことができる未来を選びました。それを手にできるのであれば、不幸になる権利さえも受け入れると言ったのも、そのためです。

自分の未来を選択できる自由は、人間にとってそれほど大切なものなのです。わたしも、あなたも、そうした自由を手にしているのですから、本当に喜ぶべきことです。

さらに21世紀は、まさに多様性と移動の時代です。あらゆることがめまぐるしい速さで発達・変化し、十分どころか洪水のようにたくさんのものがあふれています。そのため、

わたしたちが選ぶ品物も、できる仕事も以前よりはるかに増えています。

選択対象が多いのは幸せなことです。

しかし、あまりに多くの選択肢から選ぶのは苦痛になります。ひとつのものを選択するには、残りのすべてをあきらめなければならないからです。**多くの誘惑や可能性をあきらめて選んだものが、もっともよい選択だとだれが確信できるでしょうか。**もしかしたら、ほかを選択すべきだったかもしれません。

『ナショナルジオグラフィック』誌の調査によると、人は毎日150回、選択を迫られ、そのうちの30回ほどは慎重に選択しようと悩み、5回ほど正しい選択をしたと笑みを浮かべるそうです。人生のあらゆる瞬間が「選択の連続」であり、正しい選択をするのがどれほど難しいのかがわかります。

人間は、自分が選択したひとつのことよりも、あきらめた多くのことをあれこれと思い浮かべます。もっと幸せになったかもしれない別の可能性に対する未練のせいで、選択結果に満足できず憂うつになります。進まなかったほうの道を見ようとして、進むべき道に進めないということさえ起こります。

さらに、あらゆる選択には責任がともないます。みずから選択したのだから、その結果に対してもみずから責任を負わなければなりません。

また、一度選択すると元に戻すのは難しいものです。**そのため、気楽に「選択できる喜び」を楽しめません。**むしろ無数の選択の可能性を前にして、そうした状況が呪いのように思われ、怖くなります。

最良の選択をしたくても、未来が不確実すぎる

大人の入り口くらいの時期は、今後の人生を左右する重要なことを決める、選択の時期でもあります。

しかし、選択の岐路に立った人たちは、数多くの可能性の前で心がゆらぎます。

いったいどのような選択をすればいちばんいいのだろう？

どのような選択をすればいちばん安全だろう？

間違った選択をして人生を誤ったらどうしよう？

もちろんあれこれ比べてみて、十分に試してみてから選べばよいのです。しかし、残念なことに周囲からは、時間がない、早く選べと急き立てられます。もはやあれこれ試すだけの余裕がない年齢なんだ、と。

選択を難しくするもうひとつの要因は、不確実性です。

もともと不確実なものは、わたしたちの好奇心を刺激し、探求しようとする冒険心とチャレンジ精神を刺激します。不確実なものは、なんとかして確実なものにしたいからです。

もしあらゆることが確実なら、この世の中はつまらなくなります。すべてのことが定められたとおりに進み、予測できるとしたら、あえて意志や希望を持って努力する必要がなくなってしまうことでしょう。**つまり、あらかじめ決められてなく、いまなお確実ではないので、わたしたちが望むように人生を設計できる、と希望が持てるのです。**

不確実性が持つ可能性の要素は、人間関係にも当てはまります。

相手がどう感じているのか確実にはわからないので、わたしたちは気を揉んだり、相手の気持ちをつかもうと心を砕いたりします。映画を観たり、小説を読んだりするときも、ありきたりの結末にはまったく興味が湧いてきません。だからこそわたしたちは、『セブン』や『シックスセンス』のように、最後まで話の結末が予測できないか、わたしたちの予測を完全に裏切る映画にのめりこむのです。

そういった意味で、不確実性とは人間の存在におけるひとつの前提条件であり、精神発達の推進力です。また、不確実性がある大きな流れや、あるルールのなかに存在するときは、刺激剤となり楽しめます。

選択できる世界に見えても、不安定な場所に立っている

しかし、不確実性がルールを超えるほど大きい場合、わたしたちは広大な砂漠にひとり残されたような気になります。そうなると不安がつのり、近づいてくるかもしれない危険に備えて、防御しようと攻撃的になりやすいのです。

ところが残念なことに、わたしたちの社会ではだんだんと不確実性が大きくなっています。

いくら最良の選択をしたくても未来が不確実で、もはや終身雇用もなく、息が詰まりそうなほど際限ない競争体制のなかで生き残らなければならない。そうした不安はわたしたちを自身のうちに閉じこもらせます。**気まぐれな世の中で信じられるのは自分しかいないと思わせるのです。**

しかし能力も気まぐれで、いつ能力を発揮できるのか、いつまたその能力の限界が明らかになるのか、わかりません。そのため、自分の能力に対する確信すらゆらぐなか、わた

したちは未来に対する不安に戦々恐々とするのです。

わたしたちは物質的な豊かさ、選択の自由さを与えられていますが、立っているところは不確実性が極大化したきわめて不安定な地なのです。

選択権がないように見えても、誤った人生になることはある

映画『プラダを着た悪魔』に、選択に関するこんな話が登場します。

名門大学の出身のアンドレア・サックスは、ジャーナリストになる夢を胸にニューヨークにやってきます。マスコミ各社に履歴書を送るものの、返信があったのはファッション誌『ランウェイ』1社のみ、それも編集長のミランダの秘書のポジションだけでした。ジャーナリストになるために1年だけ我慢するつもりで、その会社に就職をしたアンドレアを待ち受けていたのは冷酷な現実でした。

編集長であるミランダの選択によって会社のさまざまなことが決まっていくのですが、彼女はだれに対してもつらく当たります。そこで生き残るためには、だれもがみな彼女の命令に、一寸の狂いもなく従わなければなりません。ドナテラ・ヴェルサーチ、ジゼル・

ブンチェン、ジョルジオ・アルマーニなど、世界中の有名人からのクリスマスプレゼントを256個も受け取るファッション界の生きる伝説、ミランダ。

彼女は秘書のアンドレアの私生活にも干渉し、彼女のあらゆることをコントロールしはじめます。アンドレアは生き残ろうという一念で、命令に従います。

彼氏の誕生日パーティーに行く代わりに、ミランダが開催するパーティーに同行しますが、気苦労が絶えない自分のことを理解してくれない彼氏に対して、むしろ腹が立ちます。

わたしたちはよく「わたしもそうしたかったけど、仕事のせいでどうにもならなかった」という弁明をします。上司の命令だったから、やらなければ辞表を書かなければならないから、などと言い訳をします。

アンドレアが久しぶりに父親に会おうとするとかかってくるミランダからの電話、友人たちと過ごしているところにかかってくる上司の電話、恋人と別れる瞬間にかかってくるミランダからの電話、第一秘書にはかまわずパリに行けというミランダの命令など、ここではアンドレアには選択権がないようです。そのうえ、アンドレアは生き残るためには命令に従うしかないと言い切ります。

この映画でも、このような選択の瞬間がひんぱんに登場します。

しかたなく仕事に没頭するアンドレアは、これまで属していた世界から徐々に遠ざかり、恋人とついに決裂します。しかし、第一秘書を差し置いてミランダとともにパリに行ったアンドレアは、**嫌々やっていた無数の仕事が、みずから選択してやったことなのだと、ようやく気がつきます。**そもそも彼女はジャーナリストになるために、そんな仕事を我慢してやっていたのです。

あらゆることがみずからの選択結果であり、誤った選択をしたせいで、本当に重要なものを逃してしまったことに気づいたアンドレアは、思い切って辞表を出して会社を辞めてしまいます。もちろん映画はハッピーエンドで終わります。アンドレアは別のマスコミ企業に堂々と合格するのですから。

それが自分に どういう意味を持つかだけは決められる

アンドレアはわたしたちに問いかけます。

「本当に仕方ないから、その仕事をしているの？」

考えてみれば、仕方がないからやっている仕事なんて、あるわけがありません。本当にやりたくないのであれば、やらなければいいのですから。

それでもその仕事をやっていて、同僚たちと時間を過ごし、職場を辞めないのは、すべてみずから選択したことです。だから、**いったん選択したらそれにベストを尽くし、選択を誤ったと考えたならば、大胆に覆せる勇気を持つことが大切です。**

アンドレアのように。いたずらに時代のせいにしたり、どうにもならない状況のせいにしたり、関係のない人に選択の責任を転嫁したりすべきではありません。

そして、この世がわたしのすべてを奪い、最悪の状況を与えたとしても、絶対に奪いとれないものがひとつあるのを忘れてはいけません。**それは、その状況をどのように受け止めるかに対する選択権です。**

ユダヤ人のヴィクトール・フランクルは、捕虜としてアウシュビッツ収容所に連れていかれましたが、死ぬ直前に戦争が終結したおかげで生き残った人物です。

ある日、彼は収容所で不思議なことを目撃しました。毎日のように死んでいく人たちの数が、クリスマスが近づいてくると徐々に減っていったのです。

しかしクリスマスが終わると、また死者の数は急激に増え、すぐに平均値に戻りました。

なぜこうした状況が生まれるのでしょうか？

ヴィクトール・フランクルの研究によると、死にゆく人たちが数日でも長く生きられたのは、なみならぬ期待によるものでした。

人々は、クリスマス前には戦争が終わって、収容所から解放されるだろうと期待していたのです。だれかが約束したわけでもないのに、そんな漠然とした期待を抱いていました。しかしクリスマスが過ぎても戦争は終わらず、彼らが解放されることはありませんでした。そうやって期待が打ち砕かれると、彼らの命も尽きてしまったのです。

おそらく、彼らがクリスマスに特別な意味づけをしなければ、クリスマス前にすでに命が尽きていたことでしょう。**このことから、支離滅裂な昨日となんら変わりがない今日であっても、どのような意味づけをするかによって、結果が異なることがわかります。**

状況をどう受け止めるのかに対する選択権、それはとても重要です。選択できる喜びを手に入れるのが難しい今日でも、その選択権は変わることなく有効だからです。

仕方ないとあきらめてしまう前に、もう一度考えてみましょう。選択できる喜びを楽しむ方法が本当にないのかどうかを……。

なにかから逃げ出す前に覚えておくべきこと

成長すると、あらゆることが明確になり、はっきりとするとばかり思っていませんでしたか？　しかし、実際はその反対です。疑いもなく信じていたことが、あっさりとゆらいでしまうような感覚に見舞われるのです。

そうなると、不安な気持ちを見せまいとして必死になります。人々は年を取ればとるほど頑固になったふりをして、大声を出して意地を張るのかもしれません。わたしたちは、他人の問題については厳しく判断し、冷静に忠告をしておきながら、なぜ自分の人生の問題についてはどうしたらよいかわからず、あれこれ迷うのでしょうか。

チョン・イヒョンの『マイスウィートソウル』（清水由希子訳、講談社、２００７年）にあるエピソードが登場します。この小説は、30歳で大人の入り口に立って右往左往しているウンスとユヒ、ジェインの3人が主人公です。ふたつの問題から、彼女らが騒ぎに巻き込まれます。ひとつは結婚の問題についての悩みで、もうひとつはこれからの長い時間をどうやって過ごすかという悩みです。この30歳という年齢には、結婚と職場の問題が登場します。

まず結婚の問題から見てみましょう。晩婚化が進み、女性の平均結婚年齢も27歳になったと言われますが、30歳の壁というのはいまなお存在します。

30歳なのに結婚していないとか、結婚予定の恋人もいないといえば、周囲が放っておきません。ひどい場合は、精神的に病んでいるのではないかと思われるのが怖くて、「正常な人生に見せる」ために結婚をするのでしょうか。

職場ではどうでしょうか。

いつの間にか入社時の意欲と覇気は失せ、仕事に対する疑念に変わります。

職場は自己実現の場だというのに、現実は賃金の代価として自我が搾取されるところなのだ、という被害意識にとらわれることもあります。

ここでジレンマが生まれます。幼いころから夢見ていた仕事は夢に過ぎないとあきらめて、好むと好まざるとにかかわらず、与えられた仕事だけで暮らしていくのか、それとも失敗するリスクを冒してもやりたいことをやりながら暮らしていくのか。そのため、わたしたちは若い時代が終わると、自分探しをすべきか、現実に妥協すべきかという問題に悩むことになります。

『マイスウィートソウル』の主人公たちは、悩んだすえに別の道を歩んでいきます。無職だったジェインはお見合いの1か月後に、好条件の医者との結婚という安定した生活を選びます。

一方ユヒは「これ以上年を取ったら、本当に後悔すると思って」と思い切って会社を辞め、「これからは、自分が心から望む人生を、生きることにする」と、彼女の夢だったミュージカル俳優になるため歌と踊りを勉強しはじめます。

会社員7年目のウンスは、なにも選択できず気まずそうに立っていたところ、7歳年下のテオと初々しい恋愛をすることになります。しかし、ウンスは年齢に引け目を感じ、恋愛にのめりこめずにいます。そうこうしているうちに、仕事を辞めたウンスは、恋愛感情はないものの安定して見えるヨンスと中途半端な付き合いを続け、結婚を決心します。

しかし、結局3人が大人になるのは簡単ではありませんでした。ひたすら社会的な安定を求めたジェインの結婚は離婚で終わり、遅いスタートを切ってミュージカル女優になろうとしていたユヒは、次々とオーディションに落ちます。結婚を前にしたウンスはヨンスの暗い過去を知り、結婚が立ち消えてしまいます。

彼女たちにとって大人とは、不完全で矛盾だらけの人生そのものでした。彼女たちはこんな不満を漏らすかもしれません。

「なんでほかの人たちみたいに、楽な人生を歩めないんだろう?」

わたしたちは、ジェインに対しては愛情もないのにたった1か月でよい条件だからと結婚したのだから、離婚に至るのは当然だと言うべきでしょうし、ユヒに対しては、30歳を過ぎてからミュージカル俳優になると言い出した以上、楽ではない現実にぶつかることが本当に予想できなかったのか問いただし、ウンスに対しては、純粋な愛情を受け入れられず、現実に妥協しようとしたのだから、その代価を払っているだけだと言うでしょうか？

いいえ、わたしたちは彼女らにそんなことを言う自信はありません。

なぜならば、わたしたちの周囲にいる人たちの多くは、ジェイン、ユヒ、ウンスのなかのだれかに似ているからです。ひどくツキがなかったり、不運な星のもとに生まれていたり、野望に満ちていないにしても、多くの女性が結婚をしないまま職場で時間を使い果たして、30歳を迎えるのです。

そして、不条理な現実に立ち向かうには、現実の壁はあまりに強固です。

ユヒを見ましょう。いまからでは遅すぎると言われる年齢に勇敢に辞表を出し、夢を追ったものの、その闘いはダビデとゴリアテの戦いのように手ごわいだけです。ジェインとウンスは自分が望むことを後回しにして、卑怯にも現実と妥協しようとしたのかもしれません。

わたしは映画『ジョゼと虎と魚たち』の主人公の恒夫という男性を思い浮かべます。恒夫は、歩くことができず家に閉じこもって暮らすジョゼと偶然に出会い、恋に落ちます。そうして、ジョゼと結婚することを決心します。彼は愛するジョゼを紹介するために両親の家に連れて行く途中で電話をかけ、行けないと伝えます。そのとき電話を受けた弟が尋ねます。

「兄ちゃん、ひるんだと?」

結局、恒夫はジョゼと別れます。それからしばらくしたある日、道路沿いのガードレールを握ったまま声を上げて泣いた恒夫は、低い声で語りはじめます。

「別れはあっさりしたものだった。理由はいろいろあげられるけど、本当の理由はひとつだけだ。俺が逃げたんだ」

楽園があっても、人は現実に戻りたがる

わたしたちはつねに逃亡を夢見ています。望む人生であれ、なすすべなく生きてきた結果による人生であれ、つねに逃げ出したい気持ちにさせられるのが現実です。

わたしたちが現実に耐えられるのは、ひょっとするといつでも逃げられる可能性を秘めながら生きているからかもしれません。逃げることもできず、逃げる場所もないと思ったら、換気口のない部屋に閉じ込められているようで、ぞっとしますよね。

ときどきだれかが逃亡を企てます。わたしを縛りつけている現実という縄を断ち切ってどこかに行こうと、自由を夢見るのです。

逃亡は目的地があるものではなく、脱出そのものが目的になります。それは、不確実な世界に自分を投げ込むのと同じです。逃げた先は、また別の現実に過ぎないからです。

現実は映画や小説でみるようなロマンチックなものではありません。

逃亡したくてたまらない人々のために作られた映画が『エーゲ海の天使』です。第二次世界大戦中に、ギリシアの小さな島が戦争で必要だという上司の指示によって、8人のイ

タリア軍兵士がメギスティ島に向かいます。しかし、島に到着すると無線機が故障してしまい、彼らは軍から孤立し、忘れられてしまいます。

男性がひとり残らず戦地に送られ、女性と老人しかいない島に定住することにした彼らは、夢のような日々を送ります。絵を描くのが趣味の中尉は教会の壁画を描き、細かい規則にこだわっていた頑固な上司は子どもたちと遊び、踊りに興じます。読書が好きな内省的な性格の兵士は、読書を思いきり楽しんでいましたが、娼婦と恋に落ち結婚します。愛し合う女性がいて、子どもみたいに踊りに興じることができる平和な島は、彼らにとってまさに楽園です。

3年後、ある偶然によって、彼らは戦争が終わっていることを知ります。そして、イギリス軍によって救出してもらう機会を得るのです。でも、すでに楽園で暮らしている彼らがあえて本国イタリアに帰るでしょうか？

映画は予想を裏切り、結婚した兵士ひとりをのぞき、残りの7人が全員「国家の発展に寄与するために」、「任務を遂行するために」とふたたびイタリアに戻りました。

「あの時代を生き延びて、夢を見つづけるには、逃亡するしかなかった」という言葉で始まるこの映画は、戦争の血生臭さが漂う社会で疲れ切った男たちが夢見るユートピアを描いています。最初はやむをえず現実から遠ざかったものの、ずっと夢見ていた自由な生活をメギスティ島で楽しむ8人の兵士たち。メギスティ島は世俗的な物差しや偏見などがなく、子どものように天真爛漫に暮らすことができる、だれもが望む楽園です。

どんなにいい場所でも、常に人はそこから逃げたい

ところで、なぜ彼らは楽園を捨てて、現実へと戻ったのでしょうか？　彼らがあれほど夢見ていた楽園でこの先も暮らすことができるのに、なぜ本国に戻ったのでしょうか？

それは、彼らのアイデンティティが夢のなかの世界ではなく、現実の世界に根ざしているからです。

人はだれでも、この世界で唯一の存在になりたいものです。しかし、メギスティ島のような楽園で彼らがやれることは多くありません。しかし、彼らは自分たちを証明するためになにかをしたがります。自分の義務を見つけようとする彼らは、イタリアに戻って国家再建に一役買う方がいいのです。

そのうえ、彼らが3年も過ごしたメギスティ島は、彼らにとってはすでにひとつの現実になってしまっています。わたしたちが暮らす場所は、わたしたちの現実です。考えてみ

てください。島に残った兵士が愛する女性と一緒に経営する食堂は、観光地の一食堂に過ぎません。そこには、その場所の規則や秩序があり、そこで暮らそうとするならば規則に従うしかありません。

つまり、また別の束縛と抑圧が始まるのです。現実からわたしたちはつねに束縛を受けているので、逃げ出したい誘惑に駆られています。陸地に暮らす人たちは島への逃避に憧れ、島に暮らす人たちは陸地への逃避に憧れます。

だから、もしあなたが逃げたいと思っているなら、考えてみてください。**行きたいと願う目的地があるのか、もしくは単純に逃げ出したいだけなのか**。

はっきりとした目的地もなく、ただ自由になりたくて仕方がないというのなら、逃げ出しても自由になることはなく、あなたをさらに縛りつける別の現実に出会うだけの可能性があることを覚えておいてください。そうした意味から、逃げてたどり着いた未知の土地で回答を探すよりは、いまあなたが向き合っている現実のなかで、問題を解決する方法を探すほうが賢明かもしれません。

「悪人」になるのは傷つけられたから

そもそも生まれながらにして悪い人間はいません。人には生存本能はありますが、自分ではなにもできない存在です。愛情を注いで、世話をしてもらわないと生存できない弱い存在として生まれてきます。

赤ん坊を「天使」と呼ぶのは、子どもは愛情がなければ生きられない存在であり、つまり、人々の愛情を呼び起こしてくれる存在だからでしょう。

子どもが成長していくにつれ、子どもの心のなかで多くのことが起こります。このとき、生まれつき攻撃性が強かったり、適切な支援を受けられていなかったり、同一視*する対象がなく自我と超自我の発達に異常が発生したりすると、子どもは本能的な欲求を制御する力を失ってしまいます。

それだけではありません。何かについてひどく傷ついた場合、怒りは、どんな子どもにもある生まれつきの攻撃性と合わさり、危険な時限爆弾のようになってしまいます。**危険**

＊訳注／同一視とは、身近な人と自分を同じものだと考えることで、それにより世界への安心感を得られること。これがないと、自我の発達に問題が起こる

な衝動をすばやく行動に移し、ほかの人たちに致命的な傷を与えても、微塵の罪悪感もない人になるのです。わたしたちはそういった人物を悪人と呼びます。

悪人とは完全に悪い人というわけではありません。人の心のなかには、誰しも悪い部分がつねにあるものです。悪魔のような側面は機会あるたびに頭をもたげて、わたしたちを誘惑します。『ジキル博士とハイド氏』を見ても、日中はおとなしく教養あるジキル博士が、夜になると醜いハイド氏に変わります。

30歳くらいが、いちばん悪になりやすい

人生とは死ぬまで自己との戦いだと言えます。**わたしたちはもちろん外部の誘惑にも心揺らぎますが、心のなかから湧きおこる誘惑のほうに強くゆらぎます。**

幼いときは兄弟姉妹と、お菓子や両親の愛情のことで熾烈な戦いを繰り広げます。兄弟姉妹に対する嫉妬がひどくなると、彼らが消えてしまうよう願うこともあります。学生時代には仲のいい友人の成績のほうがよければ、友人を引きずり下ろしたい衝動を覚えます。

それだけでなく、ほかの人たちよりも愛されたいと思い、ほかの人たちよりも多くを手に入れたいと思い、ほかの人たちよりも強い力で彼らを支配したいと思うのです。

自分よりも優れた人に強い妬みや嫉妬を感じて、失敗するよう心から願い、自分を侮辱する人が事故に遭うよう望みます。映画に出てくるような恍惚としたセックスに憧れたり、タブー視されているあらゆることを熱望したりします。ときには明確な理由もなく、手当

たり次第に破壊してしまいたい衝動に襲われることもあります。

自分は正しいと信じ込んでしまう人はナルシシズムの極致にいる

さらに、大人になって成長が止まってしまったわたしたちは、ひどく自己中心になり、望みはすべて叶えられるべきだと考えます。

そのため、もしほかの人の行動であったらひどい非難や批判を浴びせるようなものでも、自分が望んだならば、正当で正しいものになります。**なぜなら、わたしはいつでも正しく、他人とは違う、という思いがあるからです。**政治家を見てください。彼らはだれかが脱党すると利己的でうそつきだと非難しますが、自身が同じ行動をすると、大局のためにはやむをえない選択だと言います。

問題はこうした人たちが、自身の発言を本当に信じていることにあります。

他人を判断する尺度と、自分自身を判断する尺度がはっきりと分かれているのです。だから、彼らにとっては己の行動は決して矛盾していません。そもそも自分はほかの人たちとは違う人間、いいえ、違う種族だと考えているのです。わたしのはロマンスで、ほかの人たちのは不倫だと考えるのと同じでしょう。

こうした現象の極端な例が、ナチのユダヤ人虐殺です。ナチは大恐慌によりドイツが困窮すると、すべてユダヤ人のせいだとして、彼らを虐殺しはじめました。そのとき、アーリア人の優位性と偉大さを保存するためにも劣等民族であるユダヤ人を排除しなければならないと宣言しました。

これは、ナルシシズムの極致と言えるでしょう。**己のうちにある欲望だけが正しく、ほかの人の欲望は卑しく悪いものだという、極端な自己陶酔の結果です。**

ここであなたが、「わたしのなかにも悪魔はいるが、ナチほどひどくはない」と胸を撫でおろしているとしたら、次のお話をお聞かせしたいです。

昔、ある王国に有名な聖人が住んでいました。彼は慈悲深く、多くの善行をおこなっていました。ある日、王が有名な画家に聖人の肖像画を描くよう命令しました。絵が完成した日、王は宴会を開きます。ついにトランペットが鳴り響き、絵を覆っていた布が取り払われたとき、肖像画を見た王はびっくりしました。肖像画に描かれた聖人の顔が野望に満ち、残忍で、道徳的に堕落した姿だったからです。

「無礼な奴め！」

怒った王が、臣下たちにいますぐ画家の首を切るよう命令しました。すると、それまで黙っていた聖人が王に言いました。

「違います。王様、この肖像画は真実を伝えています。この絵を見る直前まで、わたしは肖像画に描かれた姿のようになるまいと一生懸命に闘っていたのです」

この話は、聖人であっても毎日のように自身のうちにいる悪魔と闘っており、それがいかに大変なことなのかを如実に伝えてくれます。

ところで、大人たちは、この広い世の中で夢を実現させようと意気盛んです。不可能なことはないと信じ、成功を目指して走る彼らは欲望にとらわれ、ふたたびナルシシズムの全知全能感に陥るのです。

とくに、成功への野望がもっとも強い時期は、他人を踏みつけてでも上に行きたいという野望、成功している同僚を引きずり下ろしたい妬み、金を稼ぐためならば手段も選ばないという思いなど、一日に何度も悪魔が頭をもたげます。

大人になるとは、自分をコントロールできること

『スパイダーマン3』はクモに噛まれてスパイダーマンになった青年ピーター・パーカーが、己にある破壊的な欲望と闘いながら大人になる過程を描いた映画です。

『スパイダーマン』『スパイダーマン2』で悪党をやっつけて街を救ったピーターは、『スパイダーマン3』で彼のことをヒーローとして受け入れる人々の賞賛の声に酔い、手に入れた力を楽しみ、誇示しはじめます。**有頂天になり、自身の姿をうっとりと眺める彼には、他人の気持ちをうかがう余裕はありません。**もはや彼にとって人々は彼のことをほめ称える人たちにすぎないのです。

結局、ピーターは愛するメリーが味わっている苦しみにも無関心になります。そのため、公演後にメリーがマスコミの酷評に苦しんでいるのに、慰めてあげるどころか、自分の武勇伝ばかり話しつづけるのです。

そうこうしているうちに事件が発生したことを耳にし、メリーをひとり残したまま、ヒーローごっこをしに出掛けてしまいます。そんなピーターが、メリーが劇団から解雇されて

酒場で歌を歌うようになったことに気がつくわけがありません。我慢できなくなったメリーはついにピーターに「わたしの気持ちも知らないで」と言い、去ってしまいます。

このようなピーターの前に、おじさんを殺した真犯人がサンドマンという怪物になって現れます。復讐心に燃えるピーターは、「復讐心は毒と同じ。人を蝕み怪物に変えてしまう」というメイおばさんの忠告さえ無視してしまいます。

本当の大人に成長するには、足首を引っ張る過去の傷や亡霊たちから自由にならなければいけません。また、世の中を支配したいという欲望、攻撃的で破壊的な欲望とも闘わなければなりません。

しかし、無類の力を持ち、爆発的な人気を誇るピーターは、そうした欲望を抑えるどころか、欲望の奴隷になってしまいます。そんなピーターの姿は、地球外から来た謎の有機体であるシンビオートに象徴されます。ピーターはシンビオートという黒い物質に感染し、ブラック・スパイダーマンになります。戦いは、オリジナルのスパイダーマンとシンビオートに寄生されたブラック・スパイダーマンが心のなかで繰り広げる戦いに変化します。

オリジナルのスパイダーマンが「純粋」と叫ぶと、ブラック・スパイダーマンは「快楽」と叫び、オリジナルのスパイダーマンが怪物サンドマンを許そうとすると、ブラック・スパイダーマンは「復讐」をけしかけます。ブラック・スパイダーマンは、自分を操るシンビオートの誘惑を振り払うことができず、ピーターは女性たちを誘惑したり、同僚にひどい屈辱を与えたりし、とうとうメリーにまで暴力をふるいます。

愛する女性まで傷つけてしまったことに驚き、苦しむピーター。おばさんが彼にこう言います。

「自分を許しなさい。あなたのことを信じている。あなたはいい子だから、きっと解決する方法を見つけるわ」

大人になるには自分をコントロールでき、行き過ぎた欲望から解き放たれ、正しい選択ができなければいけません。 もちろん時間は限りなく待ってくれるわけではないので、定められた時間内で選ぶ必要があります。

幸いなことにピーターは正しい選択をします。シンビオートを脱ぎ捨て、以前のスパイダーマンに戻るのです。ピーターは過去の憎しみや傷、過剰な欲望と決別し、殺人犯であるサンドマンを許し、メリーの愛も取り戻します。

自分が罪を犯しかねない存在だということを認め、絶えず努力しなければならない

真の大人になるために、わたしたちはピーターと同じ過程を歩みます。心のうちにある破壊的で利己的な欲望と闘わなければいけないし、過去の傷により屈折してしまった心とも闘わなければなりません。

ほかの人を踏みつけてでも成功したいのか。

人々から歓声や賞賛をもらいたいのか。

妨げになるものをすべて消してしまいたくならないか。

そんな気持ちになるときは、ピーターの忠告を思い浮かべましょう。ピーターがシンビオートを脱ぎ捨てると、シンビオートはすぐにほかの人の体に入り込みます。そのとき、ピーターはこう言います。

「その気分よくわかるよ。いい気分だよね、すべてを手に入れたのだから。でも君は君

自身を失っているんだ」

だれのなかにも悪魔がいます。

そうした事実を否定する必要はありません。状況によって悪意を抱くこともあるし、悪意を抱かないように我慢する必要もありません。**悪意を行動に移すことさえなければいいのです。**

わたしたちはみな、いつでもシンビオートに感染したピーターのように、愛する人に暴力をふるい、復讐心に燃えて殺人を犯しかねない存在であることを認め、**危険な欲望をきちんとコントロールするために、絶えず努力しなければなりません。**

そうすれば悪魔のような要素が昇華され、わたしたちの人生における健康的なエネルギー源として働くようになるはずです。

人間は、誰もが他人の視線から自由になれない

ユ・ソク氏は職場の女性職員たちの間でいちばん人気です。彼にはいつもスマートで洗練された服装、プロが整えたようなヘアスタイルに加えて、まわりの人たちを瞬時にひきつけるユーモア感覚まで、すべてが揃っています。彼がオフィスに入ってくると活気づきます。彼がユーモアを交えて朝の挨拶をすると、普段はぶっきらぼうで有名なキム部長でさえ声をかけてきます。

「おお、ユ・ソク君、今日はかっこいいな……」

こういうわけなので、男性の同僚たちがユ・ソク氏に対して、妙な嫉妬と劣等感を抱かないわけがありません。しかもユ・ソク氏は彼らのそんな醜い心を煽るかのように、歩くときも足取りや手振りの一つひとつに気をつかいます。

ウィリアム・ジェームズは『心理学の根本問題』で次のように言っています。

「社会から追い出され、あらゆるグループの人々から完全に無視される――こんなこと

が物理的に可能かわからないが――これ以上に残忍な罰は考えられない。部屋に入っても、誰ひとりこちらを見ず、話しかけても返事さえなく、何をしても気にされず、顔を合わす人すべてが自分のことを死んだ者のように扱うか、存在しない物を相手にしているような気がすれば、いずれ怒りと無力な絶望感に耐えられず、いっそのこと残忍な拷問をされるほうがましだと思うだろう」

ほかの人たちから軽んじられたい人はいません。だれかがこちらに向かって顔をしかめれば傷つくし、だめな奴だと言われれば、本当にだめなような気がするものです。見捨てられ、仲間外れにされる不安に襲われます。

一方で、だれかがほめてくれれば嬉しくなり、だれかが覚えていてくれれば、急に人生の喜びを感じたりもします。

人間はだれもが他人の視線から自由になれないのです。いえ、他人が賞賛の眼差しを向けてくれることを願ってやまないのです。

もう「スポットライト効果」から抜け出しましょう

しかし最近の、他人に賞賛を求める気持ちは行き過ぎています。人々は「他人に自分がどう見えるか?」に執着し、短時間で強い印象を与えようとあらゆる努力を惜しみません。

現代社会の出会いは、短時間なのが特徴です。移動が少なかった時代は、出会いの期間も長いものでした。人々はひとつの家、ひとつの職場で長い時間を過ごし、ずっと同じ人と近所づきあいや取引きをしながら過ごしました。**その結果、長い時間をかけて出会い、どんな人なのか理解するのにじっくりと時間をかけられたのです。**

しかし現代では、世界がグローバル化し、人々の移動も活発になりました。ソウルで早朝会議へ出席してから日本に出張し、夜遅く釜山で友人に会うことすらできます。学校や塾が変わるたびに新たな人に出会い、サイバー空間でもかなりの数の人に出会います。

つまり、人々は一か所に定着して暮らすより、いろいろな所に移動しながら暮らすようになっており、それによって、出会いや別れの回数も増えています。出会いのかたちもお互いのメリット次第で、会ってもすぐに別れるという短期間の出会いが主流になっています。

短い期間での交際は、相手を知るのに十分な時間をかけることが許されません。そんなとき、わたしたちが相手を把握する方法は、第一印象に頼ることです。**どれだけインパクトある第一印象を与えられるかが、他人との関係においてとても大切になります。**

現代において重要なのは現在です。過ぎ去った過去は役に立たず、未来は一寸先も予測できないものだからです。

そのため、いま目の前に見える経験だけが重要になり、ものごとの把握はそのときどきに見たり感じたりする感覚と直感に頼ることになります。これでは、人々が、成功するために第一印象をよく見せようと思うのは当然でしょう。

こうした理由で現代人は「わたしは何者か?」ということより、「自分がどう見えるか?」と、己のイメージに執着します。

他人にインパクトのある印象を与え、彼らに好かれるように、好感を抱かせるようにするため見栄えよくし、ユーモアを集めた本を暗記します。前述のユ・ソク氏のように。

そしてほかの人たちにすてきだと言ってもらい、驚嘆の眼差しを向けてもらうとき、初めて自分がなかなかの人間だと安心できるのです。

本当に必要なのは、ここにいていいんだという安心感

しかし、人々に歓声をあげてもらうことに夢中になっている人は、つねに虚しさに苦しめられるものです。なぜかと言うと、他人の視線とはいつ別のところに移っていくかわからないからです。

この状態の人がだれからも注目してもらえなくなると、自分は人から愛されない、見捨てられた存在と感じてしまいます。**そのため、人々の視線を過度に気にしすぎる人は、あるがまま愛してくれない他人に対して怒りを覚え、また、他人の愛情を失うことに対する不安からも虚しさに苦しめられます**。

前述のユ・ソク氏も同じでした。あまりにも快活で自信に満ちあふれているユ・ソク氏は、見た目と違って、いつも心の片隅にぽっかりと穴が空いているような気分で生きてきました。だれかに非難されたり無視されたりすると、気にしていないふりをしますが、その夜はずっと寝返りを打ち、繰り返し思い出しては怒りに震えるのでした。

ユ・ソク氏の魅力にひきつけられた人たちは、次第に彼から遠ざかっていきました。**ユ・**

ソク氏は、心のなかの劣等感や不安があらわになってしまうと、みんな失望して去ってしまうのではないかと、絶対に心のうちをほかの人に見せなかったからです。

ユ・ソク氏は風船にぶら下がって生きているのと似ています。他人の賞賛や感嘆が風船を満たしているときは、空高く上がっていくことができましたが、ほかの人の視線を集められなくなると、風船から空気が漏れて大地に墜落してしまいます。

コーネル大学のトーマス・ギロビッチ教授は、ある日、ひとりの学生に歌手バリー・マニロウの顔が描かれたTシャツを着せてから実験室に入り、少ししたら実験室から出てくるように言いました。室内には5、6人の学生がいました。実験室から出てきた学生にギロビッチ教授が尋ねます。

「実験室にいた人たちのなかで、あなたがバリー・マニロウのTシャツを着ているのに気がついた人は何人くらいいたと思いますか?」

彼は46パーセントくらいが覚えているはずだと答えました。しかし、実際にその学生がバリー・マニロウのTシャツを着ていたと答えた人は23パーセントにすぎませんでした。その後また、コメディアンのジェリー・サインフェルドと人権運動家のマーチン・ルーサー・キング牧師の顔が描かれたTシャツを使って、まったく同じ実験をしましたが、Tシャツを着ていた学生が48パーセントの人が覚えているだろうと予測したのに対して、実際は8パーセントにしかなりませんでした。

なぜこうした現象が起こるのでしょうか？

それは「スポットライト効果（spotlight effect）」という心理現象で説明できます。スポットライト効果とは、自分のことを演劇の舞台に立つ主人公のように考えることです。

舞台では主人公にスポットライトが当たり、観客は主人公がどんな服を着て、どんな言葉を発し、どんな表情を作るのか、役者の動き一つひとつが注視されます。

しかし、わたしたちは舞台に立つ主人公ではありません。それなのに、スターのようにスポットライトを浴びていると錯覚したまま、人々の視線に敏感に反応します。わたしたちはそんな経験を一度はしています。**思春期の青年たちは、自身を舞台の上の主人公だと思い、他人はすべて観衆だと考えます。**これを「想像上の観衆（imaginary audience）」と呼びます。

ですので、鏡の前でヘアスタイルや身なりを数十回も整え、ひどい場合は外出してもまたすぐに戻ってきて、別の服に着替え直すことがあります。それだけでなく、ミスをするとものすごく恥ずかしがります。あらゆる人が自分のミスを目撃して嘲笑するだろうと考えるのです。

もちろん、それは錯覚です。

他人はそこまで暇ではないからです。わたしたちは成人するとそうした錯覚から自由になります。各自がアイデンティティを形成することで、他人にどう見られているか重要視しなくなるのです。

他人から注視されていると思えるとき、わたしに注視しているのはほかならぬ、わたし自身です。実験結果からもわかるように、他人はあなたが思っているほど注視していません。ひとりでスポットライトを点け、ひとりで見つめているだけなのです。

ですので、いまからでもよいので、自分だけがスターで、この世界の主人公だという錯覚を捨ててください。ほかの人たちもみな人生の主人公で、彼らの人生を一生懸命に生きているのですから。

わたしたちに本当に必要なのは、二本の足で大地を踏みしめて生きているといえる安定感と自信、そして自分自身を愛する気持ちです。つまり、みずから褒めることができなければいけないのです。

人々の視線に重きを置いて、外見ばかりに投資するようになると、内的成熟のために投資すべきエネルギーが減ってしまいます。人生を浪費してしまうのです。

いまからでもよいので、あなた自身の真のファンになってください。そうすれば、これ以上他人の視線にエネルギーを傾けずにすみ、幸せになることができます。

恥ずかしさは依存的な人がよく感じる

「姑はいつもメンツばかり気にするんです。子どもの1歳の誕生日も、借金までして町じゅうの人を呼んでパーティーを開きました。姑自身はいつもきちんとした身なりで外出して、ほかの人がやっていることは全部やらなければ気がすまなくて、それができないのなら恥ずかしくて生きてられないと言うのが口癖なんです。いったいメンツがなんだって言うんでしょう……」

スンミさんはため息をつきます。嫁ぎ先のメンツを保つために、これまで我慢させられてきた日々が悔しくて、鬱火症《ウルファビョン》*を患っています。中学と高校に通うふたりの子どもはさらにひどいと言います。

「ほかの子たちがあるブランドの靴を履いていたりすると、必ずその靴を買ってくれとしつこくねだってきます。買ってあげないと、恥ずかしくて家の外に出られないと言うんです」

わたしたちは、大人か子どもを問わず「恥ずかしくてたまらない」が口癖です。ミスをしても恥ずかしいし、お金がなくても恥ずかしい。自動車が古くなっても恥ずかしい、勉強ができないのも恥ずかしい。

恥ずかしさとは、己の姿が理想的な状態ではなく、欠点だらけの、落ちこ

*訳注／その文化特有の心理症候群の一種で、韓国特有の病とされる。長い期間の怒りやストレスを抑圧した結果起きる心身の不調

ぼれて失敗した姿に映るときに感じる感情です。つまらない自分自身があらわになるのは恥であり、属している集団から追い出されることにもなりうる危険なことです。

こうした恥ずかしさは、依存的な人に顕著に表れる感情です。依存的な人は、自分と他人をひとつに交じり合った塊の状態として認識します。そのため、彼らは「他人指向」で、他人の意見に大きく影響を受けます。

韓国は伝統的に集団主義社会です。一族をあまりにも重要視していたため、個人と一族の境界が曖昧です。個人は一族から全面的に守られ、一族を頼りにし、個人の栄光はすなわち「一族の栄光」となります。

「一族から追放する」、「家族の縁を切る」といった言葉がいちばんの脅しになるのですから、よほどのことでしょう。こうした雰囲気では体面を守ることが命より大切になります。このように恥ずかしさを感じるしかない状況で、恥ずかしいと感じるのは問題になりません。

しかし韓国人が恥を感じるレベルはひどすぎます。聖水大橋*が崩落し、続けて三豊百貨店*が倒壊したとき、わたしたちはみな衝撃を受けました。どう

＊訳注／1995年6月29日、ソウルの三豊百貨店が、手抜き工事を原因に突如崩壊し、1500人余の死傷者が出た事故

＊訳注／1994年10月21日に漢江にかかった聖水大橋が、手抜き工事を原因に崩落

したら橋が崩落し、巨大な百貨店が一瞬にして倒壊するのでしょうか。

ところが、事故が起きた翌日からメディアは、海外のメディアがこれらの事件についてどう考えているのかを報道するのに大忙しでした。ありえないことが起きたのですから、その原因を解析するのに何人かの意見を聞くのは当然のことです。

しかし、韓国の人たちとメディアのおもな情緒は「恥ずかしさ」でした。「外国人たちがわが国をどう見るか」という恥ずかしさ、「こんな不誠実な国に暮らしている」という恥ずかしさ。恥ずかしさが事件の収拾よりも重要になった瞬間です。

最近「わたしはお前が恥ずかしい」という言葉が流行しているようです。その言葉には、恥ずかしくない人を連れて歩きたいという欲望が隠れていいます。

その人が好きだから一緒にいたいと思い、一緒に歩きたいのでなければいけません。**弱い自分を穴埋めしてもらう対応策としてほかの人を選んではい**

けません。

なにがそんなに恥ずかしいのですか？

あなたに向かって「わたしはお前が恥ずかしい」と言う人がいたら気をつけてください。その人は最初からありのままのあなたを見る気がない人なのですから。

メンターは変えていくべき

ギリシア神話のオデュッセウスはトロイ戦争に出征する直前、友人のメントールに息子テーレマコスの面倒をみてくれるよう頼みました。メントールは友人の切なる願いをしっかりと理解し、出征したオデュッセウスの代わりにテーレマコス王子を知的で賢明な王へと育てました。

20年後、テーレマコスはいまだ戦地から戻らない父オデュッセウスを探しに、危険な旅路につきます。その時、神々がメントールの姿で現れ、テーレマコスが苦境に立つたびに、彼を助け導きます。

「メンター」という「忠実で賢明な助言者、または先生」という意味を持つ言葉は、これがもとになっています。

ほとんどの人たちにとって、最初のメンターは「父親」あるいは「母親」です。

もちろん「お母さんみたいな生き方はしない」とか、「この世でいちばん嫌いなのは親父だ」と思いながら育った人もいるかもしれませんが、メンターがいないことにがっかりする必要はありません。

青少年期は心理的に両親から独立する時期ですが、そのときに代わりを探すようになります。先生や友人、スターなどをメンターと考えるようになるのです。

わたしたちはメンターを通じて、「メンターのような人になりたい」という夢を具体的に実現していきます。その夢を実現させるためになにを学び、どんな努力をすればいいのか、などがわかってきます。

ですから、人間の発達史は**人生を切り開いていくために、両親というメンターを離れて新しいメンターを探し、そのメンターとも決別し、また別のメンターを探し出すという過程の連続だと言えます。**

メンターを探せる感性が必要

年齢的には明らかに大人でも、心が子どもだということはよくあります。

意図とは異なり、しきりにこじれるばかりの人間関係をどうしたらよいかわからないとき、必死に仕事に取り組むのに成果が出なくてつらいとき、どうやって仕事を進めるべきかわからず慌てるとき、重要な選択の分かれ道にたっているとき、そんなときに気兼ねなしに話せて、賢明なアドバイスを与えてくれる人がいたら、どれほどよいでしょうか？大人になっても、わたしたちにはアドバイスを与えてくれ、手を差し伸べてくれるだれかが切実に必要です。

しかし、わたしたちはこの点から言えば孤児と変わりがありません。

家や学校での両親や教師の権威が地に落ちてから久しく、お年寄りたちは社会のお荷物のように扱われています。**これは、進むべき道を照らし出し、間違った道に進んだときに叱ってくれる、信頼できて頼れる大人がいなくなってしまったことを意味します。**

権威のための権威はなくすべきですが、人生の知恵や年輪を重ねた権威はかならず必要です。

しかし、権威があり頼れる対象を失ってしまった現代の大人たちは、自分たちで生きる方法を学んでいくしかないのです。若い人たちが自己啓発や人間関係について書かれた本を熱心に読む理由はここにあります。

『グッド・マン　幸福を引き寄せる生きかた』（トッド・ホプキンス＆レイ・ヒルバート著、小川敏子訳、講談社、２００７年）で、主人公のロジャーは若くしてＣＥＯになります。人々がうらやむような成功をおさめたものの、実際はあまりに忙しく、過去数年間をどのように暮らしてきたのか、ほとんど覚えていません。家族との関係もよくありません。そのとき、ロジャーの前に現われたのが清掃夫のボブです。ボブは、疲れ果てた様子のロジャーを見て若いころの自分を思い出します。そこで、毎週月曜日にロジャーに自分の経験を話して聞かせるようになります。

ボブの話を聞いて実践していくうちに、人生でなにが大切なことなのかわかったロジャーは仕事の奴隷から解放され、家庭と仕事のあいだのバランスを取っていくことにします。

『夢をかなえるお金持ちの法則――起業家が教えてくれた成功の秘訣』（リチャード・パークス・コードック著、中島早苗訳、アスペクト、２００７年）の主人公トムは、好きでもない仕事にしかたなく従事しており、人員削減、人員再配置がおこなわれるという噂に不安になります。そんなある日、海外出張の飛行機で、隣の席に座っていたのは、叩き上げで成功した億万長者のマイケルでした。

トムは機内でマイケルから6時間にわたり人生の成功戦略を教えてもらうことになります。それ以降トムは真の情熱を取り戻し、学んだことを一つひとつ行動に移していきます。

「だれかに助けを求めるべきだ」と思えることが第一歩

わたしたちの前にも、突然マイケルのようなメンターが現われたらどんなによいでしょうか。いい人に出会うことほど幸せなことはありません。

しかし、いくらいい人に出会っても、その人のよい点に気づけなければ、なんの役にも立たないのです。**ですから、メンターに出会おうとしたら、出会った人がだれであってもよく観察し、オープンマインドで長所を探すようにしてください。**

考えてみてください。ロジャーが年を取った清掃夫の言葉に耳を傾け、トムが隣の席に座った人の言葉に耳を傾けたのは、意識的であれ無意識であれ、切実にだれかの助けを求めていたからではないでしょうか。

ロジャーが自分の人生にはなんの問題もないと考えていたとしたら、トムがなんとかして方法を見つけようとしていなかったとしたら、はたしてメンターに出会うことができたでしょうか。彼らはこのままではいけないと、変化する必要性を切実に感じていたから、ほかの人の言葉に耳を傾けることができたのです。

つまり、メンターに出会うには、だれかの助けが必要だという事実を認めることからはじまります。

だれにも頼らずにすべてをひとりで解決しようとする態度は、へたをすると自分のうちにある監獄に閉じ込められる危うさがあります。ほかの人からの手助けをいっさい得ようとしない態度は、自身の劣等感が浮き彫りになるのが不安で、依存を「弱さ」の証だと考えることによって起きるからです。

ですから、メンターとの出会いは、偶然訪れる幸運ではないのです。助けが必要だということを、積極的に人々に知らせなければメンターに会うことができないのです。

まず、先入観や偏見なしに心を開いて、人々を見てください。

そうすればわかるはずです。すべての人に学ぶべき点があるということが。

そしてそのなかで尊敬し、信頼できる人を探しだし、悩みを打ち明けることを躊躇しないでください。

その人に煙たがられたり馬鹿にされたりしたらどうしよう？　と思っても、心配することはありません。

他人に力を貸せることは、人生においてわたしたちが味わうことのできる幸せのひとつです。**人々はだれでも他人の力になれる人間でありたいと考えます。**そうした行動がその人の存在価値を高め、その人が認められていることを表すからです。

そのため、喜んで悩みを聞いてくれるし、自分の経験に基づくアドバイスをしてくれるはずです。

メンターがすべてを解決してくれるわけではありません

しかし、ひとつだけ注意すべきことがあります。メンターがすべての問題を解決してくれるという幻想は、捨てなければなりません。

メンターは、苦境に立つあなたの話に耳を傾け、みずからの経験を話してくれることで、あなたが行動したり決定したりするのに手助けしてくれるだけです。

メンターに依存しすぎると、みずから問題を解決する自信を失い、メンターとの関係も病的な愛憎関係に走るようになります。

アドバイスをくれるのはメンターですが、そのアドバイスを自分のものにし、現実に適用させるのはあなた自身です。

さらに、メンターも間違えるときがあり、あなたには合わない解決方法を教えるときがあります。

ですから結局、最終判断をくだすのはあなたの役割です。

メンターの言葉が多くの影響を与えてくれるのも、真新しい言葉なのではなく、すでに心のなかに存在していた言葉だからです。自分の内面とメンターの内面が共鳴しあいながら波長を作り出すのです。

ロジャーやトムの心のなかにもすでにボブやマイケルが話してくれた内容のすべてが存在していたはずです。ただ、彼らには自分の考えに対する確信や実行する勇気が足りなかっただけなのです。

ですから真のメンターはわたしのなかにいるといっても過言ではありません。

ひとりで解決するのが難しい問題にでくわしたときは、まずちょっと立ち止まり、内なる声に耳を傾けてください。そして信頼でき、尊敬に値する人を探してアドバイスを求めてください。

最後にそのアドバイスをあなた自身のものにして行動してください。それこそが解けない問題の解法へと至る近道です。

Chapter

02

あなたの成熟をはばむのも心である

「信頼」のベースは、まずベーシックトラストを母親から与えられること

ひとりで旅をしたことがある人なら知っているはずです。旅行に行く前には、胸がときめくのと同じくらい、無事に旅行を終えられるだろうかという不安が大きいことを。

まわりに知り合いがいないどころか、見慣れない人たちばかりなのに、迷子になったらどうしよう？　パスポートや財布を失くしたらどうしよう？

でも、いざ旅行に行くとわかります。迷子になり、列車に乗り遅れ、ユースホステルを見つけられなくても生き残る方法があることを。パスポートや財布を失くすと、旅行日程に大きく狂いが生じますが、それもまた新たな経験として受け入れられるようになります。そのうえ、その国の人たちの好意にたいへん驚くこともあります。

しかし、見知らぬ土地や人たちを怖がらなくなるのには時間が必要です。**それほど見知らぬなにかは、わたしたちにまず「危険」信号として近づいてきます。**

これと同じように、社会に入っていく前にはたじろぐのが当然です。

これから近づいていく向こうの世界が安全だと、だれが断言できるでしょうか？

こういうときにわたしたちを手助けしてくれるのが、まさに世の中と人々に対する基本的な信頼です。

世の中と人々に対する基本的な信頼、つまり「ベーシックトラスト（basic trust）は、3歳になる前に母親との関係から始まります。

最初、子どもにとっては母親のお腹のなかだけが自分の知っている世界のすべてです。生まれてくると、見慣れない不思議なものがあまりに多く、子どもは好奇心からそれらに触り、味わい、感触を確かめ、耳を傾け、言葉をかけてみます。

そうしているうちに突然怖くなって、周囲を見回して母親を探します。そのときに母親が笑みを浮かべながら見つめてくれていると、安心できるのです。**そういうことが繰り返されると、子どもは母親に対する基本的な信頼を得るようになります。**そのうち、母親の姿がちょっとのあいだ見えなくても、すぐに戻ってくるだろうと信じて、安心して見知らぬ世界を探検できるようになります。

しかし子どもが母親のほうを見ても、母親が目を合わせてくれなかったり、母親の愛情表現が気まぐれだったりすると、母親に対する基本的な信頼がゆらぎます。そこで、母親の姿が見えなくなったときに、永遠にいなくなってしまうのではないかと不安になり、必死になって母親から離れまいとします。このような場合、子どもは安心して見知らぬ世界を受け入れられません。

わたしたちが大人になったときには、ベーシックトラストが土台になります。人生を歩みながら人々に出会い、探検や冒険をしていくのに必要なのです。

世の中や人々に対する信頼があるからこそ、見知らぬ人に会って関係を築き、見知らぬ場所に行き、失敗に対する怖さを克服できるのです。

傷は親しい人たちから受けるほうが多い

しかし、もしわたしたちが自分自身や世の中を信じられても、世の中は理解できないことや信用できない人たちであふれています。

お金のために人が殺されたかと思うと、ある日突然テロや戦争が起こり、瞬く間に多くの人たちが虐殺されるニュースが流れます。さらに経済の流れも不安定で、わたしたちに不安を抱かせます。こんな世の中を信じろというのは難しいのではないでしょうか？

使い道がなくなればいつ捨てられるかわからないから、しっかりと目を見開いていなければならない世の中なんて、どうして信じて生きられるのでしょう？

社会生活を送れば送るほど、世の中は生易しいどころか、ますます非情な姿を見せるようになります。利益次第で敵と友人が入れ替わり、もしも隙でも見せるものなら、それがのちにどういうブーメランになって返ってくるかわからない、つねに緊張の糸をゆるめることのできない面倒な人間関係がいたるところにあります。

日々の生活のなかでわたしたちに大きな傷を与えるのは、ほかならぬ身近な人たちです。一緒になって上司の悪口を言っていた優しい同僚が、翌日上司のところに行って告げ口をする。「わたしの弟のような気がして心強い」と言っていた上司がアイデアを盗んでいき、まるで自分の発想のように報告書を作成してしまう。すまないけど、1か月したら返すと言うので1000万ウォンを貸してあげたのに、返そうとしない友人。

こんなふうにお互いの必要性によって関係が設定され、刻一刻と変化する人情のない世の中で、真の人間関係なんて存在するのだろうかと、人々は疑いを抱きます。

家族は安全地帯ではない

はたして、家族は安全地帯なのでしょうか？

カフカは小説『変身』において、「違う」と首を横に振ります。セールスマンとして働きながら、両親と妹を養っていたグレゴールは、ある朝、自分が虫になっているのに気づきます。家族の態度は、このときから突然に変化します。

母親は息子の姿を見て気を失うと、ふたたびその姿を見ようとはしません。息子の代わりに仕事をしなければならない父親は、虫になった息子を見下すようになり、あげくのはてには踏みつけて殺そうとしますが、母親が引き留めて思いとどまります。

ただひとり、グレゴールの部屋を掃除し、牛乳とパンを持ってきてくれていた妹も次第に変わっていきます。

気持ちを伝えようとしたグレゴールの努力は徒労に終わります。家族に近づこうとしても逆効果となり、彼はさらに深く傷つきます。

ついには妹がバンッと手で机を叩いて、こう言います。

「もしあれがお兄さんなら、自分から家を出て行ったはずよ！」

その後、グレゴールは家具も売り払いガランとした、埃の積もった部屋で餓死します。家族たちは初めて汚い虫から解放されたと感じ、胸を撫でおろすのです。

この小説でカフカは、能力を失った人を家族がどれほど疎み、冷遇するのかを示します。


現代社会で能力がなくなった人はごくつぶしで、ほかの人たちを苦しめる虫けらにも劣る存在なのです。


映画『ミリオンダラー・ベイビー』で主人公のマギーは、ボクシング中に脊椎を損傷して全身麻痺になると、ディズニーランド帰りにやってきた家族にむりやり、麻痺した手でサインをさせられ賞金を横取りされてしまいます。能力を失ったり、病気になったりすると、職場だけでなく家族たちからも廃棄処分にされる社会なのです。

「血は水より濃い」という言葉がありますが、お金の問題が介入すると、突然「他人にも劣る」関係に変わる人たちをしばしば見かけます。

父母の遺産問題で裁判を起こし、年老いた病気の両親を捨て、障がいがあるという理由で子どもを捨てる人たちもいます。こんな世の中をどうして信じられるでしょうか。

危険な世の中で安全に暮らすには、悪い人よりいい人の方がずっと多いと知ること

このような殺伐とした社会に足を踏み入ると、人はおじけづき、躊躇します。とりわけ、社会人一年生のときに挫折を味わい失望すると、再起が難しくなります。**しかし幸いなことに、世の中には悪い人よりもいい人のほうがずっと多いのです。**わたしたちの心は、かわいそうな人をみれば涙を流し、手を差し伸べたくなります。世の中には、規則を破って自分勝手に生きる人よりも、規則を守って互いを尊重する人のほうがずっと多いのです。**たとえ一方で破壊されても、もう一方でこれを建て直し、傷ついた人たちを救おうとする人たちがいるのが、ほかでもない、この世の中です。**

破壊的で危険な衝動を禁じ、コントロールするのは、超自我という心の働きですが、わたしたちはこの構造を心のなかに持っています。また、社会的には行き過ぎた行動を禁じる規則と法律もあります。

もちろんこの世の中に完全な場所はどこにもありません。そのため超自我や法律だけですべての危険を防ぐことはできません。

しかし、危険を避ける方法を学べば、危険は最小限に抑えられます。

だれも自分を100パーセント信じることはできません。そのため、他人を100パーセント信じることができないのは当たり前です。自分のことを完全に信じられないというのに、他人を完全に信じて、他人も自分のことを完全に信じてくれると思えるわけがありません。

ですから、この危険な世の中で安全に暮らす方法とは、この世の中のどこにも完全に安全な場所はないのだと知ること、世の中には悪い人よりいい人がずっと多いという事実を信じること、わたしたちはみな欲望と衝動を持った弱い人間であると認め、互いに被害を与えないよう適切なルールを定めてお互いを守ること、ほかの人たちの嫉妬や競争心、そして恨みを引き起こさないために、つねに謙虚な姿勢で他人を尊重する気持ちを持つこと、また、被害を被ったときにやられるだけでなく、適切に対応し被害を最小限にして、未来の被害を予防すること、などが必要です。

つまり信じられる安全な世の中は、わたしたちがみずから作り出していくものなのです。そして、最後にわたしたちはみな互いにつながっているという事実を覚えておかなければいけません。

ミッチ・アルボムの『天国の五人』（小田島則子ほか訳、NHK出版、2004年）という小説で、主人公のエディーは遊園地ルビー・ピアという小さな遊園地の遊具整備工として働いています。戦争で左の膝を負傷し、杖をついて歩かなければならなかったエディーは、愛する女性をも早くに亡くし、自分の人生なんて意味がないと思っていました。

そんなある日、エディーは子どもを救おうとして不幸にも命を落とします。そして、死後に最初に出会った青い男から衝撃的な話を聞きます。その青い男は、エディーのせいで死んだというのです。

エディーが7歳のとき、友だちとボールで遊んでいると、友だちが投げたボールが道路に飛び出してしまい、エディーは車が来ているのも知らずに車道の真ん中に出てしまったのです。エディーを避けようとした車はトラックにぶつかり、乗車していた青い男は死んでしまいました。

故意ではなかったものの、エディーが車道に飛び出したせいで死んだ青い男を見ながら、彼はこう言います。

「僕がバカみたいに道に飛び出したせいで、あなたは死んでしまった。なんであなたが死ななければいけなかったんですか。不公平ですよ」

するど、青い男が言います。

「生と死に公平さはないよ。あなたはわたしの代わりに自分が死ぬべきだったと言うけど、わたしが地上で暮らしていたときも、ほかの人たちがわたしの代わりに死んでいったのだから。そんなことは、毎日起きているんだ」

それでも理解できないと言うエディーに青い男は言います。わたしが死んであなたが生きることになったのはいいことで、他人とはまだ出会っていない家族のことであり、風とそよ風を切り離すことができないように、ひとりの人生はほかの人の人生から切り離せない、と……。

この話を読みながら、わたしはこう考えるのです。

わたしたちみながお互いにつながっていると知ったら、それが故意でなくても、お互いに迷惑をかけあっているのだと知ったら、もう少し慎み深く、優しく、ほかの人たちとともに世の中を眺めることができるのではないでしょうか。

子どもの頃の記憶がない人は、その頃つらかったから

「うちにはなんの問題もありません。両親も優しかったし、幼かったときはなんの問題もありませんでした」

慢性的なうつ症状、ときおり爆発する怒りで精神治療を受けはじめたLさんは、幼いころの記憶について尋ねられるとこう答えました。

奇妙なことに、彼女には中学校以前の記憶がほとんどないと言います。

「中学校以降は、まばらに思い出せるのですが、それ以前となるとほとんど思い出せないのです。たぶんたいした出来事がなかったからだと思います」

その言葉にわたしは慎重に言いました。

「もしかして、それ以前の出来事を覚えているのがつらすぎたからではないですか？」

彼女は口ごもりながら、家族たちは本当に仲がよかったし、とくに記憶に残るようなことがなかっただけだと言い返してきました。

しかし、少しずつカウンセリングが進んでいき、記憶を抑圧していたものが解けていくと、幼いときにくぐり抜けてきたつらい記憶を、ひとつ、ふたつと思い出しはじめます。いつも具合が悪く、憂うつそうだった母親、下の子が生まれたので母親の実家に送られた記憶、家にはあまり関心がなかった父親に対する恨みと恋しさ……。

彼女はなぜ中学校以前の記憶を思い出さなかったのでしょうか？決して仲がいい家庭ではなかったのに、なぜ仲がいいと思っていたのでしょうか？彼女は自分に問題があると思ってわたしを訪ねてきましたが、自分の無意識に触れられるのを怖がりました。幼いときに負った傷に向き合う準備ができていなかったのです。彼女は、なんの力もなかった幼い頃の耐えがたかった出来事の数々を、すっかり忘れてしまおうとしていました。心に負った傷による苦しみから解き放たれようと、記憶をすべて消してしまうことにしたのです。

そのうえ、**彼女は「仲がよくない家」を「仲がいい家」と言い、記憶の歪曲までおこないました。**そこで彼女は望みどおりに、幼少時はなんの問題もない仲のいい家庭で育った子どもになったのです。しかし過去の傷はそのままです。

解決できなかった過去の苦しい記憶は心のなかで美化されますが、どんなかたちであっても、いつの日か爆発してわたしたちを苦しめます。解決できていない過去が「未解決の経験」として残り、現在を蝕むのです。

彼女の慢性的なうつ症状と怒りの爆発も、幼いときに負った傷が原因でした。

未解決の過去は現在を蝕む

わたしたちの心のなかには傷ついた子どもがいます。その子どもは、傷ついたことにだれも気がつかなかったり、治療してくれなかったりしたせいで、心のなかに隠れてしまった子どもです。**傷ついたら、そのときのまま発達もとまってしまいます。**それ以上成長しないのです。

心のなかの傷ついた子どもは、絶えず苦痛から逃れようとしています。それで、**過去の状況に戻って、傷を負ったことを完全に無効にしようとしたり、その状況を事実とは違ったかたちで再現して傷を癒そうとしたりします。**わたしたちが無意識のうちに過去の苦しみを繰り返し味わう理由がそこにあります。

ですから、もしも似たようなタイプの人とばかり恋愛をして、同じような失敗を繰り返したり、恋愛をしたいのに、実際に恋愛をするとすぐに距離を取ってしまったりする状況が続くのでしたら、なぜなのかを考える必要があります。

繰り返し起きることが、心が傷つけられた過去の出来事と関連性がないか考えてみるのです。

静かに心の声に耳を傾けてみましょう。どの過去がこれほどの不安と恐ろしさを与えているのか、幼いころのどのような記憶がいまのあなたに影を落としているのか、いま心のなかで泣いている子どもがいつごろ傷ついたのか、聞いてみましょう。

成長は、傷ついた子どもが泣きやむところからしか始まらない

「始めさえすれば半分やったのと同じ」という言葉があります。**自分に問題があるということを知り、認めたことだけでもすごいことです。**

この世に問題がない人はいません。すべての人がある程度の問題を抱えています。

精神分析の先駆者であるフロイトが定めた正常の基準も「少しのヒステリー（a little

ます。

hysteric)」、「少しの偏執症（a little paranoia）」、「少しの強迫症（a little obsessive）」があるものでした。つまり、だれもが過去の傷からは完全に自由になれないことを意味しています。

ですから、自分に問題があるということを恥ずかしがったり否定したりする必要はありません。ただ、そこから「自分の問題がどんなものかを知る」ことに進んでいければよいのです。

一歩前進するには、これ以上心のなかの傷ついた子どもを見て見ぬふりをしてはいけません。何度も同じような苦しみを味わっているのであれば、その子どもが成長したがって上げている声だと気づき、つらい記憶から解放されるように手伝ってあげる必要があります。その子が心から泣けるようにしてやり、どこがつらかったのか話せるようにしてやり、傷に薬を塗ってあげなければいけません。そうすれば、過去の傷が治るとともに、過去を手放せるようになります。

それができれば、今後もし同じような経験が繰り返されても、

「いま起こっていることは、あのときのこととは関係ない。ただ、わたしがあのときのような恐ろしいことが起きるんじゃないかと怖がっているだけ。そしていまのわたしは当時のようになんの力もない幼児じゃない。だから、まったく同じ状況になっても、いまな

らうまく切り抜けられるよ」

と言うことができます。

もちろん理性的にはわかっても、感情の面で解決されなければ大して役に立たないこともあります。**それでも心のなかの傷ついた子どもが未熟な防衛機制を使って、苦しみを繰り返すのを防ぐことができます。**防衛機制とは、心理学の言葉で自分を守ろうとして働かせる心のしくみのことで、これにはいくつかの方法がありますが、のちほど説明します。

手足を縛っていた過去から解放されれば、そこでようやく現在の自身を見つめ、世の中を感じて、現在に生きることができるのです。この努力を怠らなければ、いつか感じるでしょう。苦しみがなくなり、傷ついた子どもが泣きやんで成長しはじめたことを。

防衛機制から見直しましょう

太宰治の小説『人間失格』の主人公・大庭葉蔵は、偽りの仮面をつけ、騙し合いながら生きる矛盾だらけの人間たちを理解できない純粋な魂の持ち主です。

言い争いや自己弁解ができない葉蔵は、人が怒るとどうしたらよいかわからず、恐怖で固まってしまいます。そんな自分を隠すため葉蔵は道化になり、必死になって機嫌を取り、笑わせようとがんばります。

「何でもいいから、笑わせておればいいのだ、（中略）とにかく、彼等人間たちの目障《めざわ》りになってはいけない、自分は無だ、風だ、空《そら》だ」（『人間失格』新潮社、２００７年）

そのような努力もむなしく、世の中に適応できないまま、葉蔵は人々に利用されるだけです。ついに彼は酒とたばこ、娼婦に溺れて暮らし、精神病院に入ることになります。夢と健康と意欲をすべて失った葉蔵は、人間、失格となってしまうのです。

人間失格な人間が使う「投影」

心のなかの危険な欲望の数々が外に現われようとするとき、わたしたちは不安を感じます。**自分にある危険な欲望が姿を現したら、人々の前で恥をかいたり、人々に避けられたり、愛する人を破壊するような恐ろしいことが起きるかもしれないからです。**この不安をわたしたちは「予期不安」と呼びます。

予期不安は一種の警告音です。「おい、そんなことしていたら大ごとになるぞ」という心の声なのです。

ところが幸いにもわたしたちの心のなかには検閲機関があり、危険な欲望が外に出ようとする場合、ここを通ってこなければなりません。その結果、検閲機関を通過するために他の形態に変わった欲望だけが、外に出てきます。

危険な欲望を変化させるために使用するのが防衛機制です。防衛機制は、人間のうちにある危険な攻撃本能を抑圧、または変化させることによって危険でない状態にします。

『人間失格』では葉蔵も自分と他人のうちにある攻撃性と貪欲さを恐れ、それを防ぐために、さまざまな防衛機制を使用します。残念ながら、**彼が用いる防衛機制は大部分が未成熟で、結局自己を破壊するという結果だけをもたらしているのですが。**

葉蔵が用いるおもな防衛機制は、「投影（projection）」です。防衛機制には、のちほど紹介するようにいくつか種類がありますが、**その中のひとつである「投影」とは、自分の心を守るために、自分の感情を、あたかも相手が感じたことのように扱うことを言います。**

少し理解しづらいでしょうか。葉蔵の例を見てみましょう。

彼は、破壊的な攻撃性が自分にあることを受け入れられません。そこで自分が抱いた危険な欲望は「相手の感情だ」と相手のせいにします。そうすることで彼自身は危険な要素がまったくない純粋な存在になれるのです。しかし、葉蔵はこのような投影すら完全に成功させられません。彼のうちにある破壊的な衝動が、絶えず彼を怯えさせ、苦しませたからです。

そこで葉蔵が次の段階で用いる防衛機制が、ほかでもない「投影同一視（projective identification）」です。**投影同一視とは、自分の危険な属性をほかの人に完全に押しつけられなかった場合、ほかの人から似たような属性を引き出してから、相手をコントロールすることにより、自分を正当化しようと試みることです。**

たとえば、葉蔵は女性を刺激して引き寄せておき、いざ性関係に及ぶと、自分を女性に強姦された存在にしてしまいます。**女性が悪い役割を担うように無意識のうちに誘導しておき、彼が善良な犠牲者になるようにするのです。**

未熟な防衛機制は、自分を劣った人間にする

しかし、いくらがんばっても危険な衝動を完全に消すことは不可能です。

葉蔵は残っている衝動に対する防衛のために、「戯画化（caricaturing）」という次段階の防衛機制も使います。

戯画化とは恐ろしい相手をマンガのようにおもしろいキャラクターにしてしまうことで、恐怖をなくそうとするものです。ここで葉蔵が戯画化するのは、ほかでもない自分自身です。彼は自身を道化にして、ほかの人たちを笑わせて、攻撃的でも危険でもない存在になろうとします。

しかし、**こうした防衛機制はすべて、葉蔵を社会に適応できない、人としての役割を果たせない劣った人間にします。**葉蔵は大人になってから、厳しく危険な世の中で自分ができることがたいしてないことに気づくと、「回避（avoidance）」と「退行（regression）」という防衛機制を使います。

回避は危険な状況や対象から安全な距離を保とうとするものです。葉蔵は、社会の一構成員としての役割を回避します。彼は社会に飛び込むよりも部屋のなかに閉じこもって、社会をあざ笑い、軽蔑するほうを選びます。つまり、彼は社会を回避するのです。

しかし、無気力な敗者である自分に対する劣等感が残ります。この劣等感から身を守るため、彼は幼いころに退行します。退行して、ひどい挫折を体験したときに、現在よりも幼稚な過去の水準に退行して、タバコと酒に溺れて暮らします。お母さんの乳を吸うようにタバコをくわえ、酒に酔ってお母さんの懐に抱かれているような思いに浸って暮らすのです。

葉造は、自分のことを理解しようとも、受け入れようともしない冷たく残忍な世の中と人々に怒りを覚えます。しかし、怒りをあらわにして人々を刺激して、危害を加えられでもしたら大変です。

そこで彼は怒りを自己に向けます。「攻撃性の自己への向き変え（turning aggression against the self）」という防衛機制を使うのです。攻撃性を自身に向け、破壊していきます。この防衛機制は、酒と麻薬で自身の精神と肉体を壊し、ついには自分自身さえなくしてしまおうと自殺を試みる、などがあたります。

葉造は投影や投影的な同一視、戯画化、回避と退行、攻撃性の自己への向き変え、などのように、未熟な防衛機制を用います。彼が用いた防衛機制は、どれもあまりうまくいきませんでした。その結果、彼は人間失格となるのです。

どうせ使うなら、自分を成長させる防衛機制を使おう

わたしたちが使う防衛機制は葉造が使ったもののように未熟で破壊的なものから、反対に完成度が高く、建設的なものまでさまざまな種類があります。

防衛機制を使わないなら、その人には守るものがないか、守る力がないことを意味します。人間はだれもが死なない限り、欲望と衝動から自由にはなれません。そのため、生きている人間はだれもが防衛機制を使います。

幼いときにはまだ性格構造や自我が完成していないため、未熟な防衛機制を用います。しかし、だんだんと性格がしっかりとできあがっていき、自我が強くなるにつれて、人間はもう少し成熟した防衛機制を用いることができるようになります。

防衛機制のもっとも代表的なものは「抑圧（repression）」です。

抑圧は不安を防ぐために用いられる一時的な防衛機制で、記憶したくないつらい記憶や表に出しては危険な欲望を心の奥深くしまっておきます。そうすることで、社会的に受け

入れられない自分自身の危険な衝動から身を守ろうとします。

しかし、この抑圧された欲望には強力なエネルギーが与えられているため、わたしたちの心のうちから湧き上がり、絶えず外に飛び出そうとするのです。そこで、それを防ぐために、ほかの防衛機制を使うことになります。

すでにお話ししたもの以外に、未成熟な防衛機制には否定（denial）、隔離（isolation）、打ち消し（undoing）、反動形成（reaction formation）などがあります。

否定は「わたしにそんな悪い欲望があるわけがない」と叫ぶのと同じようなことです。意識化されると、とても耐えられないような考えや欲求、衝動などを無意識のうちに否定します。

隔離は、感情を思考から切り離し、抑圧することによって意識のなかに、ある思考だけが残るようにすることです。

打消しは、自分が敵対視する欲求や攻撃性によって、ほかの人に迷惑がかかったと感じるときに、その状況を打ち消して原状回復しようとする行動を意味します。たとえば、禁止されている対象に性的衝動を感じたとき、こうした感情を払いのけるために反復的に手を洗う、などの強迫行動をとるのもこれにあたります。

反動形成とは、本心とは正反対の行動をとることを意味します。権威のある人に強い敵対心を持っている場合、それとは反対に礼儀正しく、腰の低い態度を取ったりするのが、反動形成のひとつです。

これ以外にも多くの防衛機制があります。そして、この多くの防衛機制のなかで、あるものはうまくいき、あるものは失敗します。**とくに未熟な防衛機制はうまくいかない確率が高くなります。**

大人になってから、幼いときに使っていた未熟な防衛機制をそのまま使うのは、現実的でないだけでなく、幼いころと違う大人の欲望に抵抗する力としては弱いのです。

ですから、もう幼児期の未熟なものは捨てて、成熟した防衛機制を使えないといけません。

成熟した防衛機制にはどんなものがあるのか

では、成熟した防衛機制には、どんなものがあるのでしょうか。

もし『人間失格』の葉蔵が、尊敬する兄をまねようとしていたら、もう少しいい行動モデルを兄から学べたはずだと思います。

身近な人の行動をまねする方法をわたしたちは、「同一視（identification）」と呼びます。

もし葉蔵が破壊的な欲望を絵や文章を使った表現で発散できていたら、つまり「象徴化（symbolization）」と「昇華（sublimation）」をすることができれば、彼は自分を苦しめる恐れから、ある程度解放されたはずです。

これは成熟した防衛機制です。

これ以外には、「合理化（rationalization）」、「代償形成（substitution）」、「利他主義（altruism）」なども成熟したものです。

もしあなたが恐れや不安から身を守ろうとして、多くのエネルギーを消耗しているのに、望むような平安が得られないのであれば、一度その方法を見つめなおしたほうがよいでしょう。もしかしたら、いまも未熟な防衛機制を使っていて、成人したのに幼いころに感じた恐怖を抱きつづけ、不安に震えていないでしょうか……。

あなたが、心のなかで湧きおこる衝動を恐れず、いま使っている防衛機制がなにかを知り、その方法を少しだけ変えることさえできれば、あなたの前にある世の中と鏡に映る自分の姿に、いま以上に親しみを感じることでしょう。

「いま」克服しないと一生引きずる問題がある

「またうんざりするような一日が始まるのか」

ジニョンさんは、英語講師として塾に勤務しています。昼間はぶらぶらし、会社員たちが退社するころになると彼の仕事が始まります。教えること自体もおもしろくないのに、生意気で扱いにくい子どもたちが、さらに彼をうんざりさせます。それでも生活のためには、この仕事をするしかありません。

ときどき未来を考えては暗澹《あんたん》とした思いになります。いい年をしてまだこんな仕事をしなきゃいけないのだろうか？　年を取ったら、体力も落ちるし、若者に圧されてだんだんとポジションもなくなるっていうのに。

ジニョンさんは幼いときからこれといってやりたいことがありませんでした。世の中に対する好奇心や興味もあまりなく、ひたすら両親に言われたことをやる真面目な学生でした。成績もそれなりによく、運がよかったこともあって、ぎりぎりの点数でしたが名門大学に入学できました。卒業後もとくにやりたいことがなかった彼は、何度か大企業に応募したものの落ちてしまい、それからは家でこれといってなにもせずに過ごしていました。そのうちに両親がうるさく言いはじめたので、英語研修も兼ねて海外に1年間行ってきてから、なんとか職についたのがいまの塾講師の仕事です。

元気のない息子を見かねて、「男のくせに覇気がない」と叱ると、「僕がこうなったのは、いったいだれのせいなんだよ」とつぶやいて、ジニョンさんは部屋に入ってしまうのでした。

幼いころの彼は、天才と言われるほど賢い子でした。息子が聡明なことで気合が入った両親は、彼を連れては、よいと言われるあらゆることを教えました。そのせいで、彼は一度に11か所もの塾へ通っていたほどです。しかし、一度だけ塾に行きたくないとぐずったところ、父親から厳しく叩かれ、真冬に下着一枚で外に追い出されたのです。1時間、寒さと恥ずかしさのなかで震えていた彼は、それ以後は反抗しなくなりました。ただ黙々と両親に言われたことをやりました。そんなふうに自律性を失くした彼の内部はからっぽでした。内的に空しくなった彼の自我は外の世界に対するありとあらゆる興味を失ってしまいました。

大人になるとは、「つまらない大人になった」自分を受け入れること

子どもたちは早く大人になりたいと思います。しかし、大人になるまで長い時間を待たなければなりません。子どもたちはこうした時間が喪失の時間であることに気がつかないのです。たくさんのものが指のあいだからこぼれ落ち、代わりに現実感という冷たいものが入り込んでくるのだということが、わかるわけがありません。

大人になるときには、過去との別れという悲しみがあります。新たな出発はいつも親しかったものとの別れが土台となります。

では、わたしたちは大人になるときに、なにを失ってしまったのでしょうか？

まず、大人になるには、自分を守ってくれて、愛してくれる温かい両親に別れを告げなければなりません。いつまでもそばにいて、頼もしい盾になってくれそうな両親と別れるのは悲しく、不安なことです。

それまでは困難なことがあれば、すぐに両親のもとに行って相談をし、助けてもらっていました。ですから、大きな過ちや失敗をしても、両親が代わりに責任を取ってくれるは

ずだと心強かったはずです。しかし、大人になると、なにをしても、責任は自分自身にあります。

そして、これからは両親が与えてくれたことを、自分の子どもたちに与えなければならない、つまり、自身が父母になる時期に入るのです。温かく安全だった両親のふところを後にして、旅立たなければなりません。ですから大人になるのには、悲しみと不安をかならずともないます。

二つ目に、大人になると、たまたま鏡に映った自分の姿を見て驚くことがあります。幼いころに夢に描いていた姿とはあまりに違うから戸惑うのです。**ところが、そうした瞬間こそがもうひとつの別れに備えなければいけないときなのです。**なんでも可能なような気がする幼少期の大きな夢との別れです。

青少年期にはなりたいものがとても多いものです。大きな成功をおさめて、多くの人から尊敬される輝かしい姿を想像したり、ときにはすべてを犠牲にして身を捧げる聖者のような姿を夢見たりすることもあります。目の前に無限の可能性が広がっているので、望みさえすればなんでも実現するだろうと考えるのです。

でも大人になると、鏡に映った姿が、それまで夢見てきた自分の姿とは大きく異なっていることに気づきます。鏡を壊してみたところで、その姿が変わるわけでもありません。

あきらめの苦痛に耐えなければなりません。

それは、どんな過ちを犯しても許され、どんなに悪いことが起きてもだれかが必ず現れて状況を変えてくれるだろうという、幼いときの期待を手放すことなのです。そして、これからはあらゆることをみずから決めて責任を負わなければならず、権利よりも義務が大きい時期になったことを認めるのです。また、自分の力はたいしたことなく、享受できる自由にも限りがあり、愛する人との関係さえ不完全であるという現実を受け入れます。

限界に気づくこと、もうこれ以上は選択できなくなったと認めること、実現できなかった夢と現実とのギャップを思い知ることなどは、人間という存在のひとつの姿です。その ため、大人になるということは、「わたしが世界の中心であり、わたしの望みは命令だ」と、全知全能だった幼児期のナルシシズムを放棄し、別れを告げる過程だといえます。

世の中が退屈で憂うつにしか見えない人は、今の自分を認められない人

人生に退屈な時間がないわけではありません。しかし、忙しく働きつづけていた生活のなかで一時的になにもせず退屈するのと、あらゆることに意味を見出せず、世の中から一

歩退いてなにもせずにいるのとでは、大きな違いがあります。ラッセルの言葉を借りれば、**前者は「建設的な退屈」であり、後者は「破壊的な退屈」です。**精神分析では破壊的な退屈を「理性あるものの疾病」と呼びます。

なんの夢もなく、すべてに興味を失い、退屈さのなかで生きているジニョンさんは、**実は両親が期待するようにすばらしい成功をおさめて、人々の拍手喝さいのなかで生きたいという高い自我理想を持っています。**しかし大人になると、思いどおりにならない現実のなかで限界を認め、夢を現実に合わせて修正できなければなりません。つまり、高い自我理想を手放し、これを哀悼する過程が必要です。

しかし、両親に認められて愛されることを切に願っているジニョンさんは、高い自我理想（ego-ideal）をあきらめきれませんでした。

自我理想とは「わたしはこうあるべきだ」という自分に対する要求のことです。

自我理想は子どものときに、両親からほめてもらったり、両親が追い求める価値を自分の心に取り込んだりするなかで形作られ、良心とともに超自我*を構成します。

ところが自我理想が高すぎると、理想的な姿とかけ離れた惨めな姿と現実に失望し、憂うつになりやすいのです。そのため、ジニョンさんは年を重ねるにしたがって、夢にたどり着けずにいる自分と夢との乖離が一層大きく感じられ、挫折するしかありませんでした。

＊訳注／衝動や欲望などにストップをかけるもの

自我理想に到達できないせいで、愛されたいと願う両親から拒絶されるしかないのだと、無力さに支配されました。

こうして、彼の人生には意味がなくなってしまいました。**挫折を感じ、怒りが募る一方で、限りなく己を惨めに感じる彼は、無力さに襲われ、つねに疲れたとしか言わなくなります。**ジニョンさんの退屈さは「耐えがたい孤独」であり「己に対する幻滅」であると見ることができます。

彼が主に用いた防御機制は、退行と投影、そして回避です。

自我理想に到達できない自身に挫折と怒りを感じ、この忌々しい感情から身を守ろうと、じっとしているだけで両親があらゆることをしてくれた幼いころに退行しました。また、外部の現実からなんの刺激も受けないのは、心が虚しいからではなく、外からの刺激がつまらないからだ、両親が育て方を間違えたからだと外部のせいにしています（投影）。

そして、挫折を抱かせる現実から一生懸命に目を背け、回避しようとするのです。未熟な防御機制を使うのにはエネルギーを費やします。ジニョンさんは、最後に壊れていくのが自分だとは気づいていませんでした。

「喪失」を認める期間で、わたしたちは深い洞察と理解を得る

ジニョンさんのように、過去と決別できない人たちがいます。温かかったお母さんの懐、幸せだった幼少時を手放したくなくて過去に隠れている人たち、いつまでも成長しない子どもでいることを望む人たち……。そんな彼らをピーターパンと呼びます。

しかし、大人になるためには過去と決別できなければなりません。その決別がどれほど悲しくても、どれほど嫌でも。**こうやって過去を手放す作業こそが「哀悼」です。**

あらゆる喪失には哀悼の過程が必要です。

このときの哀悼の過程は、一瞬のうちに起こるのではなく、さまざまな過程を経なければなりません。

まず、喪失を迎えると、最初は喪失を否定したくなります。「いいえ、そんなことが起こるはずがない」と首を横に振って、すでに失っているのに、それを否定するのです。

時が流れると、もう失ってしまった現実を否応なく目の当たりにするようになり、怒り

がこみあげてきます。いわば、「なんでこんなことが自分に起こるんだ！」と叫ぶような状態です。

「喪失に怒る」ことは、喪失を認めはじめたことを意味します。そうして徐々に永遠に失ったことを認め、悲しみに浸るようになるのです。**この悲しみの期間にわたしたちは人生に対する深い洞察と理解を得ます。**マルセル・プルーストはこの過程を次のようにまとめました。

「悲しみに打ち勝つとあきらめが訪れる。悲しみがあきらめに変わったとき、わたしたちの心をえぐる悲しみはその力の一部を失う。このような変化自体は、たとえ瞬間的であっても多少の楽しさを醸しだすようになる」

この過程が終わったときに初めて、わたしたちは失ったものに対する追憶を心に大切に抱いたまま、新しい出会いに向かって出発できるようになります。

そのため哀悼とは、悲しみ尽くすことであり、悲しみを受け入れることなのです。そして、手放すことであり、新たな出発です。また、失うことでもあり、その失ったものを心のなかで永遠に大切にすることです。

反対に、哀悼できなければ過去を手放すことができず、過去にとらわれてしまい、亡霊のように生きることになります。

ジニョンさんは現在に在りながら、現在を生きられなくなっています。過去の時間が二度と戻ってこないことを認めても、過去の思い出がすべて消えてなくなるわけではありません。**その思い出は心のなかに入り込み、精神構造の一部を形作ります。**永遠に心のなかで生きるようになるのです。

わたしたちが人生において避けれられない要素として喪失を受け入れ、失われたことを悲しんで、哀悼する過程を経たときに、初めて変化と成長が起こります。ですからわたしたちは大人になるときまで、大小の哀悼の過程を経て、死ぬときまでずっと手放しては受け取ることを繰り返すことになります。

成長するというのは悲しいことですが、こうしたことを認めさえすれば、自分に必要かどうかを基準に選択できる自由を得ます。ですので、これまで両親の言葉にしたがって、言われるままに一生懸命やってきたのであれば、いまからすべきことは両親と決別し、幼少時と決別することです。**「高くなり過ぎた理想」という鎖にがんじがらめにならず、これからは鎖をほどいて、両手を広げて新しい人生を迎え入れましょう。**

親しくなるのを恐れる人々

「あたし、あんたが嫌い」

だれでもこんな言葉を聞けば、一瞬、体が固まってしまいます。もしも相手から愛されたい気持ちがあったなら、「自分を嫌っている」という思いは、「自分は存在する価値がない」という思いにまで及んでしまうでしょう。映画『グッド・ウィル・ハンティング／旅立ち』での天才青年のウィルがそうです。

ウィルは幼いころに実の両親に捨てられ、何度も養子に出されてはなしにされていました。ある里親からは耐えがたい罵倒や暴力まで受けました。そんな子供時代のせいで、彼は世の中に対する深い不信と憎しみを抱くようになったのです。

彼はボストンの貧民街で暮らしながら、マサチューセッツ工科大学（ＭＩＴ）で清掃夫として働いています。大学での教育は受けていませんが、どんな分野でも独学で習得できる優れた頭脳を持った彼は、友人たちとともにハーバード大学の学生とディベートしては一発で相手をやりこめ、勝利の喜びに酔うのでした。

幼少時に捨てられて虐待された人は、自分が悪いから見捨てられて虐待されたと感じます。**そんな無力さと劣等感でいっぱいの自分を守るために、ウィルは「知性化(intellectualization)」という防衛機制を使用します。**人並外れた知的能力を使って、出会った人を残らずからかいの対象にして無力化してしまうのです。

それによって、もはやだれからも馬鹿にされたり、苦しめられたりすることがないようにします。

しかし、彼は勝利をおさめる瞬間さえもさびしいと感じます。また捨てられるのではないかと、だれにも心のうちを打ち明けたことがないからです。そんなある日、ウィルはハーバードの医大生スカイラーに出会い、付き合いはじめます。しかし、彼女にも心を開くことができず、ついには別れてしまいます。スカイラーはウィルにこんな言葉を残して去っていきます。

「あなたは、弱い姿をさらけ出したら、わたしに捨てられるんじゃないかって怖がっているのよ」

人間関係に「理想」がある人は他人と親しくできない

どんなに困難な状況にあったとしても、たとえ罪を犯して刑務所に行くのだとしても、自分を見捨てることなく温かく包み込んでくれる人さえいたら、心から幸せなはずです。

ブルーノ・ベテルハイムは、ナチの強制収容所で自身を保っていた力は、「だれかが心の奥深いところでわたしの運命を心配してくれているという確信」だと言っています。その延長線で見るとすれば、人々が結婚をする理由も、自分の運命を心から心配してくれるひとりの人をつくるためかもしれません。そしてデューク大学メディカルセンターの研究によると、危険な手術を受けなければならない状況でも、配偶者あるいは親しい友人が多い人のほうが、そうでない人に比べて、生き延びる確率がはるかに高いということです。

それだけ**親しい関係は、人が生きるための大きな力なのです。**

ほかの人たちと親密な関係を築ける能力は、初期成人期に身に着けているべき発達課題だと言えます。

世の中の人間関係は、自分が望む好ましいものだけではありません。価値観や性格スタイルが合わず嫌な人たちとも、うまく付き合わなければならないときがしばしばあります。職場の同僚やビジネス上の付き合いをしなければならない人たち、新しい隣人たち、配偶者の家族などが、それに属します。

このとき、関係を結ぶのにとくに理想がない人たちは、30歳を過ぎると嫌な状況と嫌な人たちが相手でも、それに耐えて、尊重できる力と余裕を持つようになります。「理想がない」というのがいいのです。現実の限界を認めて、他人の長所と短所を見る視野が広がるため、気に入らなくても関係を保つことができるのです。

しかし、年齢を重ねたからと言って、対人関係の幅が広がるわけではありません。年を取るにしたがって、好きな人たちや、認めている人たちとだけ関係を持とうとする人たちもいます。このような人たちは、平凡な関係に埋もれているとも言えますが、そのほとんどが自信不足です。こうした人たちは、とうてい認められない人とうまく関係を保つことを「屈服」してしまったと受け取ります。そのため、**しつこく自分のやり方を強要し、それを受け入れられない人たちを認めようとしません。**

このように、他人に心を開くことをあまりに恐れてしまうと、孤立してしまい、閉鎖的な生活を送ることになります。もしくは、最初から親しい関係を否定し、孤立する関係ばかり選ぶようになります。

他人と親しくできる人は「心理的距離」を持てる人

もちろん人にはみな、他人から自身を守ることができる「心理的距離」が必要です。**心理的距離とは、他人の侵入と干渉から自分の世界を守ることで、アイデンティティを守り、うちにある攻撃性や破壊的な性的欲求が外にほとばしり、相手を傷つけるのを防ぐのに必要な距離です。**そのためアイデンティティがきちんと確立できていない人たちは、他人と親しくなるのを恐れるほかないのです。

親密感とは、アイデンティティを失わずに、相手と持続的に心を通わせることを言います。しかし、他人と仲良くできない人は、それができる自信がないのです。

「だれかと親しくなりたいという願望は、自身のもっとも深いところにある自我を他人と分かち合おうとする願望だ」

マクアダムス博士の言葉です。両親から捨てられるほどだめで劣っている自分を見せることができなかったウィルは、愛する人と別れてしまいます。

ウィルのように親しくなるのを恐れる人たちは、みな自分のだめな姿のことばかり考えています。そのせいで、相手にも同じかそれ以上の苦痛や悲しみがありうることを認められないのです。

そういう人を見るたびに思い出すのが、米国の心理学者ダニエル・ゴットリーブです。彼は学習障害によって落第を繰り返したので、別の大学に二度も移籍しなければなりませんでしたが、勇気を失わなかったため、障害を克服して心理学博士の学位を取りました。しかし試練はそれで終わりではありませんでした。妻に渡すプレゼントを取りに行ったときに不慮の事故に遭い、頚椎を損傷し全身麻痺になってしまいます。

事故当時の年齢は33歳。彼はむしろ死んだほうがましだと考えました。しかし、お見舞いに来る人たちはみなにもできない状態の彼に「生きなければいけない」としか言いません。ネジが頭蓋骨に刺さり、首を振ることすらできず、麻酔から醒めてからは頭が割れるように痛い彼に向かってです。

彼は苦しみをちゃんと理解してくれない人たちがひたすら恨めしく思います。もうだれにも会いたくないし、だれの話も聞きたくありませんでした。

そんなある日の夜中、ベッドのわきにひとりの女性が座っているのを感じました。その女性は、彼が心理療法士なのを知り、悩みを相談しにきたのです。

どんな内容かわからないけれど、四肢に異常がない彼女の表情は、四肢が麻痺して横になっている自分よりも暗く見えます。彼女は病床にある彼の前で、世の中の苦しみをすべてひとりで背負っているかのように、つらさを訴えはじめました。

彼女は愛する男性が去ってしまった現実があまりにつらいので自殺したかったという話を延々とします。

最初は彼女が理解できませんでしたが、しかたなく（？）彼女の話に集中しているうちに、事故後初めて自分のつらさを忘れることができたのです。

そして、彼女の苦しみを聞いてあげられただけでも、彼女の役に立ったのだとわかった瞬間、彼は全身麻痺でも十分に生きていく価値があることに気づいたのです。

彼女を通して自分がまだ役に立つ存在だということに気づき、苦しみを他人と分かち合いながら生きるのが人間だと悟るのです。

親しくなるのが怖いみなさん、もしかしたら相手はあなたが先に手を差し出してくれるのを待っているのかもしれません。

その人もあなたみたいにさびしくつらい思いをしているけれど、それがばれるのが嫌で勇気を出せないでいるだけです。もしも勇気を出して少しずつ人間関係の網の目を作っていくならば、憂うつや苦しみが網の目で濾《こ》されていくのを感じられるはずです。たとえ挫折があっても、それ以上は人生に対して疑いを抱くことがなくなり、ときに悲しくなることがあっても人生の空しさを感じずにすむことでしょう。

ですから、あなたがまず勇気を出して手を差し出すべきです。

恋愛ができない人間とは

恋愛ができない人たちがいます。

米国の精神分析家オットー・カーンバーグは、自己の問題にとらわれて愛せない人たちを研究しましたが、ここでは世の中の「普通の」人たちにも大なり小なりその症状が見られるふたつのタイプを紹介します。

❶ 境界性パーソナリティ障害

一見すると感情が豊かでとても魅力的ですが、知れば知るほど衝動的で幼くて、右往左往して周囲の人まで混乱のなかに巻き込む人たちです。

こうした人たちは幼いときに母親との関係が一貫せず干渉が過ぎたり、コントロールされたりして母親との関係自体がきわめて複雑だった記憶を持っています。そのため一貫したアイデンティティが欠如しており、自信のなさをほかの対象を通して絶えず補完しようとするのです。ひとりでいるのが耐えられず、つねにだれかを探し回ります。

彼らが恋に落ちたときに見せる姿は情熱そのものです。

相手が去ってしまうのではと不安がり、病的に執着します。残念ながらこうした愛は長くは続きません。

最初は過剰に相手を理想化して眺めているのですが、期待するものが得られなかったり、がっかりする点が見つかったりすると、すぐに相手の評価を下げてしまうからです。そうして、相手を利用しようとするだけの卑しく悪い人となってしまいます。

そのため、境界性パーソナリティ障害を持った人たちは不幸にならざるをえません。そばにだれかいないと耐えられないのに、いざ親しくなるとそれも我慢できないので、親しくもなれず、疎遠にもなれず、結局は病的な執着のすえに自身を破壊する恋愛をするからです。

【自己診断テスト】

（最低5個以上該当するとき、境界性パーソナリティ障害と見なされる）

① 現実でも想像のなかでも見捨てられたくなくて、必死に努力する。

② 不安定で激しい対人関係が特徴で、過剰に理想化と低評価を繰り返す。

③ 自画像（self-image）や自己感（sense of self）が、著しくかつ継続的に不安定。

④ 自己を傷つける衝動性や予測できない行為（たとえば、性行為、浪費、賭博、薬物、スピード違反、過食など）がふたつ以上ある。

⑤ 自殺企図、自殺の脅し、または自傷行為を繰り返す。

⑥ 感情が不安定で、ひどく落ち込み、刺激に敏感で不安が数時間持続する。

⑦ 慢性的な空虚感に苦しむ。

⑧ 慢性的に怒っている、ひんぱんに喧嘩をするなど、不適切で激しい怒りを見せる、または怒りを調節できないなどの症状を見せる。

⑨ ストレスがあるとき、一時的に妄想性思考を見せたり、乖離症状を経験したりもする。

❷ 自己愛性パーソナリティ障害

自己愛性パーソナリティ障害を持った人たちは自分に酔っていて、相手の感情に共感する能力が劣っているため、恋に落ちにくいという特徴があります。

彼らにとっては、恋愛を始めるのはもちろん難しいし、たとえ恋愛が進んだとしても挫折を乗り越える力が弱いため、歩む道は平坦ではありません。

彼らの特徴は一見するととても近づきがたく、頑固で、冷淡に見えるのですが、実は人への近づき方を知らないので、ちょっとしたことにも簡単に傷つくことです。3歳以前の養育環境で母親から冷たく拒絶や無視をされた経験があり、許されることに敏感です。そのため軟弱な自我を守るため、過大な自己を作りあげます。そうしてだれからも傷つけられない自分だけの城のなかに籠ってしまいます。

人と親しくなると、軟弱な自我があらわになり、ふたたび見捨てられるのではないかと、人とのあいだに距離を保ちます。

【自己診断テスト】

（最低5個以上該当するとき、自己愛性パーソナリティ障害と見なされる）

①十分な業績がないにもかかわらず優れていると認められたがるなど、自分が重要で優れているという誇大な感覚。

②限りない成功、権力、才気、美しさ、理想的な愛などにとらわれる。

③自分が「特別だ」と信じており、特別で地位の高い人だけが自分を理解し、関係を結べると信じている。

④過剰な賛美を求める。

⑤特別待遇を受ける権利があり、自分が期待することはすべて実現されるべきだと考える。

⑥欲望のためには、他人を騙したり利用したり、相手を不当に利用する対人関係を持つ。

⑦共感が欠如しており、他人の気持ちや欲求を認めようとしない。

⑧他人に嫉妬する、または他人が自分に嫉妬していると信じている。

⑨尊大で無礼な行動や態度を取る。

母親にべったりな息子、娘たちはなぜそうするのか

スギョンさんは開いた口がふさがりません。今日は彼氏の家族と顔合わせをしました。5か月前にお見合いで知り合った彼は名門大学の出身のうえ、勤め先も気に入っていますし、家柄も文句なしです。ちょっと背が低いのが欠点でしたが、優れたマナーとユーモア感覚が欠点を十分に補っていました。これくらいなら構わないという気がして交際しはじめ、次第に彼のことがもっと好きになります。

うれしく弾む心で顔合わせの席に行ったスギョンさんは驚きました。彼が二言目には「ママ、ママ」と言って、母親にすごく甘えていたのです。そしてスギョンさんよりも母親と多く話していました。

さらに呆れたのは、ふたりの交際について、彼の母親と姉が知らないことがないことでした。いつ手を握ったのか、いつキスをしたのかさえも知っていました。

さらに、彼の母親がスギョンさんにこう言ったのです。

「あの日、わたしがスギョンさんに花を30本渡すように言ったんだけど、気に入った?」

今年スギョンさんは30歳です。

「じゃ、この人がいままでわたしに話したことや、やってきたことは、すべてお母さんとお姉さんが指導してたってこと？」そう思うと、鳥肌が立ちました。

顔合わせがすんでから彼氏とひとしきり喧嘩になりました。

「どうしてそんなことができるの！」と問い詰めるスギョンさんに対して、彼氏は「じゃ、ママに隠さないといけないのかよ？」と逆切れしたのです。

一方、キョンスさんは最近、疑いを抱きはじめました。

「この女性と本当に生涯をともにすることができるだろうか？」という疑問です。

だからと言って、急にミエさんに「もう会うのをやめよう」と言えば、それでなくても気弱な彼女は大きなショックを受けそうです。ミエさんは、多くの男性に彼女のことを守ってあげようと思わせる魅力を持っています。キョンスさんも最初はか弱い彼女を守ってあげたいと思っていました。

なにか違うと思いはじめたのは、ミエさんの母親から招待されて、家に行ったときでした。気が強そうな雰囲気を漂わせる母親は、ちょっとやり過ぎと思えるほど、彼にあれこれ根掘り葉掘り訊きました。そして「ミエは弱いから、あれも注意して、これも注意して……」と、キョンスさんに注文をつけはじめたのです。ミエさんは母親の人形のようにじっと聞いているだけです。

それ以降のデートにもふたりの会話にはつねに母親が介入しました。

「今日はきれいだ」と言えば、「今朝、お母さんが選んでくれた服なの」という答えが返ってくるのです。口を開けば「うちのお母さんが言うには」と言う彼女。

さらにひどいのは、ふたりがケンカでもしたら、その翌日には間違いなく彼女の母親から電話があり、「実はミエが、これこれだからこうなの」とか「あなた、そんなことしていいの？」と、娘の代弁者のような態度を取りました。

今からそんなふうにあらゆることに干渉しコントロールしようとするのに、結婚したらどうなるのでしょう。

母親大好きな大人が誕生するまで

スギョンさんの彼氏とキョンスさんの彼女は、大人ですが大人ではありません。

彼らは自分だけの世界を作れず、ひとりでなにかをするのが怖くて、絶えず母親を呼び出します。母親は自分がいなくては子どもがちゃんとしていられないと思い、子どもの人生にしょっちゅう関わろうとします。そんなふうにしてママボーイ、ママガールが誕生するのです。

彼らが恐れているのは、なによりも母親との分離です。

わたしたちはお腹のなかで母親と一体でした。でも、この世に生まれた瞬間、母親と結ばれていたへその緒が切られ、身体的に独立します。その後、心理的なへその緒を切るようになるのは、2、3歳のころです。世の中をひとりで経験したくなる欲望により、母親から心理的な独立を果たすのです。しかし、本当の意味での独立である経済的な独立を果たすのは、就職してからです。

ところが、ママボーイ、ママガールたちはこのときに独立するのを恐れます。

彼らの自我は独り立ちできるほど強くありません。そのため、みずからを支えられる一種の補助自我（auxiliary ego）が必要になります。**彼らの自我が弱くなったのには、彼らの母親が一役買っています。**

わたしたちはみな、母親と「和解の時期」を過ごします。和解の時期とは、母親と子どもが完全に分離するための過渡期として、子どもが母親から離れたかと思うと戻る行動を繰り返す時期のことを言います。

ところがママボーイ、ママガールを生み出す母親は、自身の葛藤のせいで子どもの面倒を絶対にみなかったり、あまりに密着しすぎて子どもに自律性自体を与えなかったり、またはは完全に自分の感情次第で子どもに無関心だったり愛情を注いだりします。そうなると、その子は母親と離れると不安になり一時もひとりで過ごせなくなります。

また、教育は受けたものの、女性の社会進出が大変だった時代に育った母親たちは、最初から職場に通ったことがないか、妊娠と同時に会社を辞めなければなりませんでした。家族と子どものために胸に抱いていた夢をあきらめなければならなかったのです。

人生に満足していない母親が、「自分で考えられない子ども」をつくる

大切なものをあきらめた彼女たちは、その代価としてなにかを受け取りたがります。子どもの成功がまさにそれです。

彼女たちは子どもの成功を通して、自分の人生がうまくいったことを認めてもらうために東奔西走します。どんな手段を使ってでもよい大学を卒業させて、成功した母親にならなければなりません。

彼女たちは子どもたちに優れた学業成績を求めます。言ったとおりにさえすれば成功できると言いながら。子どもたちは母親が言ったとおりに行動し、いい成績をとり、母親を喜ばせなければなりません。

そうしているうちに、子どもたちは自分で考え、自分で決める力を失ってしまいます。最後には母親がいないとなにもできない半人前の大人になってしまうのです。そしてこう言います。

「ほかの人にはできない特別なことをしなければならないという強迫観念に、つねに苦しんでいます。でも、それが本当に自分のためになるのかわからないのです」

最近は「ヘリコプターママ」まで登場したそうです。

ヘリコプターママとは、子どものためにヘリコプターのように学校の周辺を旋回し、学校の用事にこまごまと口出しをする母親のことを言います。子どもの宿題や昼食の献立まで気にかける彼女たちの目を見張る活躍はそれにとどまらず、子どもの就職と会社生活にまで及びます。

たとえば、「社会経験がない娘よりわたしのほうがいいのでは？」と娘の代わりにジョブフェアを駆け回ったり、採用担当者に電話をして、息子よりもわたしのほうが息子の長所に詳しいから、代わりに面接を受けられないか、と懇願したりします。ほかの部署に異動させてほしいと娘の上司に伝える両親や、毎日息子の送り迎えをする両親もいます。

それだけではありません。子どもが結婚後に苦労しているようだと思うと、「なんで我慢しているの？　おまえが悪いんじゃないんだから、絶対に我慢しちゃだめ！」と離婚をそそのかします。

それだから、依存的で、自分ではなにもできない、些細な挫折も我慢できない、人生の目標を失ったカンガルー族*の大部分がママボーイ、ママガールであるのは、おそらく当然のことです。

＊訳注／カンガルーの子どものように、親から自立する年齢になっても親に依存している若者を指す

自身の考えや感じ方に確信が持てなくなる

ママボーイ、ママガールたちは自身の考えや感じ方に確信が持てません。まるで幼少時に花を見て、「ママ、きれいでしょ？」と母親の同意を得なければならなかったように、**いつもだれかが横で確認をしてくれないと安心できません。**

ドラマを観ながら、登場人物たちが愛し合っているみたいだけど本当にそうなのか、隣にいる人に確認しないといけないくらい、**自分の感じ方に自信が持てないのです。**

みずからの決定にも確信が持てません。幼いころ、テスト用紙に答えを書いてから、合っているのか間違っているのか母親に確認してもらうときまで落ち着かなかったように、そして間違えて怒られると、どうしたらよいか不安だったように、すっかり大人になっても職場でみずから決断を下すのにひどく困難を覚えます。「そうよ、これが正解よ」という母親の認印が必要なのに、母親がいない状況で社会人一年生になった彼らには、みずから責任を取るべきことが悩みの種にしか感じられません。

自分の「自律性」を妨げる人が憎いのは当然の本能

「ママを殺してしまいたいって思いました」

いつだったか28歳の女性が訪ねてきて言った言葉です。彼女はこの言葉を口にするとき、体をぶるぶると震わせ、とても苦しそうでした。とても愛してくれている母親に、なぜそんな感情を抱いたのかわからないと涙さえ流したのです。

おそらく彼女は、母親が元気で幸せにいるには、自分が絶対に必要な存在なのだと思っているはずです。彼女の母親は、娘がひとりでは絶対に重要な決定を下せず、つねに母親のサポートと助けが必要だと信じていることでしょう。

ふたりはきっとお互いにとっていちばん親しい友人として、お互いのことを知り尽くしていて、肉体的な秘密も感情的な秘密もまったく存在していないはずです。そのため見た目にはお互いに心配しているように見えますが、**実はそれぞれ自分のことを心配しているのです。**相手から離れて独立した人生を生きるのが怖いのです。

ママボーイ、ママガールたちは両親に依存しながらも、**みずからの独立を妨げる両親に**

強い怒りを感じています。 なぜならば「自律性」を持ちたいのは、人間の本能だからです。

わたしたちが生まれてから初めて口にする言葉は、「ママ」でもなく、「まんま」でもない「いや（Ｎｏ）」です。いくら赤ん坊でも、食べたくなければ牛乳を吐き出してぎゅっと口を結ぶか、そっぽを向いてしまいます。嫌だったら、いくら寝かせようとしても絶対に寝ません。

このように人間にとって自律性は基本的な要求であり、**自己主張をして発展させ、自分の領域を拡大していく動力にもなります。**

ところが、この自律性を侵害された子どもは、ひとりではなにもできないという劣等感のなかで、両親に対する愛情と憎しみという相反する感情に苦しむことになります。

この相反する感情は子どもの内部で激しくぶつかり合うため、子どもはつねに緊張状態に置かれます。もはや身動きを取れなくしている両親に対する恨みと依存のあいだで葛藤し、苦しみます。その怒りが激しいと、前述の患者のように両親を殺したい衝動に苦しむことがあります。

つまり、彼らは自律性を失うだけでなく、両親に対して抱く相反する感情に葛藤するため、エネルギーを使い果たすので、**自分自身の幸せや成長に使うべき肝心のエネルギーがなくなってしまいます。** ですので、彼らは母親と一緒にいても幸せではありません。

母親から独立できず、母親のコントロールのなかで葛藤する人たちに、両親から離れられない理由を尋ねると、**ほとんどの人が親孝行を挙げます。**

両親の意思には逆らえるわけがないと言うのです。青春と夢をすべてあきらめたまま、わたしだけを見つめて生きてきた母親に対して、たとえ親孝行はできなくても知らん顔はできないとも。

そういうとき、わたしはこう言ってあげます。

「世の中の母親はすべて子どものために生きています。そうではない母親がいったいどこにいるんですか？　それに母親が一方的にあなたの犠牲になっているわけではないですよ。お母さんには、あなたが生まれてきたことと、りっぱに育ってくれたことだけで、この世でもっとも尊い喜びと幸せをあげたんです。お母さんはあなたが幸せになることを願いながら、あなたを育てました。ですから、いちばん大きな親孝行は、あなたが幸せに暮らす姿を見せることです。そして、できる範囲でお母さんの面倒をみて、感謝の気持ちを忘れないことです。お母さんから受けた愛は、あなたの子どもに与えてあげましょう。それこそが親孝行ですよ」

ママボーイ、ママガールたちよ！

わたしたちは両親の体を借りて、この世に生まれましたが、**両親とは異なる魂を持つ独立した存在です。**

ですから、両親との縁を大切にして、子どものために苦労をいとわない両親に感謝する気持ちを持って、独立した成人としてしっかりと立ち、**幸せに生きていく姿を見せるのが本当の親孝行です。**

なぜか「共感」を誘わない人がいる

未婚の女性会社員ヨンミさんは美人でとても賢いのに、幸せではありませんでした。いつもさびしくて、いつの日からかさびしさが強い不安になっていきました。

彼女が初めて訪ねてきた日を覚えています。彼女は、自分の話をするとき、まったくよどむことなく始めから終わりまで理路整然としていました。職場でかなり人気があった彼女は、さっぱりとした性格で、てきぱきと仕事をこなし、同僚や上司からとても頼りにされていて、競合会社からもひんぱんにラブコールを受けていました。

ところが、ルールを第一とする彼女自身は公私を厳格に分け、その基準に従ってほかの職員たちをも厳しく管理していたことを詳しく打ち明けてくれました。たしかに、ほかの人たちを気後れさせたことでしょう。

部下が遅刻や失敗をすれば、オフィスのなかに氷ができるかと思うくらい、空気が凍りつくのです。それだけでなく、普段から真面目な職員が突然の家庭不和で苦労していたときも、彼の私生活のことだとまったく配慮しませんでした。そんなヨンミさんを見た人たちは、「刺しても一滴の血も流れない人」とささやきました。

それほど完璧だったヨンミさんですが、少し前に晴天の霹靂のような出来事が起こりました。昇進できなかったのです。

彼女ほど成果を上げていない男性社員がみんな昇進したのに、なぜ自分が昇進できなかったのか理解できなかったヨンミさん。彼女がもっと耐えられなかったのは、まわりの人たちの反応です。

無理して平気なふりをして仕事をしていた彼女のところにきて、「あんたの気持ちはお見通しよ」と言わんばかりの視線を送ってくるのです。親しくもないくせにあんな態度を取るなんて、と吐きそうな気分だったと言います。むしろ彼らが「あんなに偉そうだったのに、いい気味だ」と言ってくれたら、それほど惨めではなかっただろう、と。

ところが、ヨンミさんはそんなに大変だった話をしながら、ちっともつらそうな様子が見えませんでした。**ほかの人たちだったら、途中で高ぶった感情を落ち着かせるのに、何度か息を整えるものなのに、彼女にはなんの変化もありません。**

大変だったのは、むしろ治療者であるわたしでした。なかなか感情を表さない彼女とわたしのあいだには、見えないガラスの壁のようなものが感じられました。

わたしは面談になかなか集中できず、そのうえ眠気まで感じました。

なぜでしょうか?

何回かの面談をおこなってわかったのは、**彼女との面談では十分な「共感」が得られていなかったということです。**

母親がいつも忙しくて彼女のことを邪険にしたという話、ある日は弟の面倒をみないで外で遊んできたという理由で、厳しくて怖い父親に真っ暗な小部屋に閉じ込められたという話など、ほかの患者であれば、どんなにさびしかっただろうと慰めながら、こちらの胸が痛むはずの話が、**不思議とドライアイスのように空中に蒸発してしまいます。**彼女の話し方が、相手の共感をまったく寄せつけないのです。

一度も両親から共感してもらわなかったから、共感する能力が育たなかったのは当たり前

患者を治療するための面談の基本は、共感から始まります。ところが共感できないのですから、面談自体が困難にならざるをえません。

彼女がなぜ治療者のわたしの共感まで寄せつけないのか、なぜ彼女とわたしのあいだにガラスの壁が感じられるのか、その原因をつかむのは簡単ではありませんでした。

何か月か経ったころです。彼女が一度も両親から共感してもらったことがないという事実がわかりました。

小さな子どもだった彼女の目をのぞき込み、彼女がどう感じているのか、なにを思っているのかを、だれも知ろうとしなかったのです。両親は自分たちが望むとおりに彼女が従うことだけを望みました。共感してもらったことがないのに、他人に共感する能力が育たなかったのは、ある意味当たり前のことです。

彼女と面談をするときにわたしが感じた感情、**たとえば退屈さや空虚さ、ガラスの壁が真ん中にあるような感じは、彼女が世の中や人々から受ける感情なのだ**とわかると、わたしは以前よりもずっと簡単に彼女の言葉に集中できるようになりました。

人間だけが持つ独特な能力「共感」

相手の気持ちを読み共感する能力は、人間にだけ与えられている独特なものです。それは哺乳類のなかで、人間の赤ん坊だけが仰向けに寝て育つという特性とも関連しています。赤ん坊は仰向けに寝ているため、つねに母親と目を合わせることができ、その状態で乳を飲み、「あー」「うー」など喃語《なんご》を話します。

つまり、赤ん坊は生後早い段階から母親と感情の交流をするのですが、こうした共感は赤ん坊の脳と情緒の発達に影響を与えます。

人間の脳は愛着と愛を通じて成熟すると言います。

トーマス・ルイスの『愛のための科学』（２００1年、未邦訳）によると、人と人のあいだの愛着と愛は、脳の辺縁系に共鳴を起こすことで互いに響きあい、これにより脳を成熟させます。そのため、**母親の情緒的な共感がなければ、子どもが人間らしく成長することはできないのです。**

ここで「同情（sympathy）」と「共感（empathy）」を区別する必要があります。

同情は相手の感情をそっくりそのまま感じることです。たとえば、相手が悲しんでいるとき、同じように悲しみ涙を流すのが同情です。しかし、共感はそこにとどまらず、**その人の苦しみを深く理解してからふたたび自分自身に返り、どうすればその人を助けられるかを考えることです。**

こう見ると、共感は同情よりもはるかに成熟した精神機能だと言えます。共感するためには、他人を自分とは別の独立した人間として見ることができ、しばらくのあいだ、その人の気持ちを自分のことのように感じながらも、自身を失わずにいられる健康な自我の力が必要だからです。

しかし自我の境界が弱い人たちは、共感すべき瞬間に相手と一体になってしまいます。**共感できないのです。**他人に共感できる能力が低い人たちは、反対に、他人の共感を得られる機会までみずから断ってしまい、共感を受けることができません。

ヨンミさんの場合も同じです。**彼女にとって感情とは、幼稚で低水準の領域のものにほかなりません。**そのため、人との感情的な交流を幼いころから無視して、ゴール志向で生きてきた結果、学校と会社で成功をおさめることができました。

しかし、彼女は言葉で表現できないくらいさびしかったのです。周囲の人たちにきちんと礼儀を守って生きてきましたが、腹を割って話せる友人はいませんでした。

彼女の生活は無意味で空虚でした。彼女は人生の歓喜に満ちた感覚を忘れて生きてきたのに違いありません。彼女にこう言いました。

「あなたは、わたしと感情的に親しくなったら、わたしがあなたの本心を知って失望し、去ってしまうのではないか、わたしがあなたを思いどおりに操るのではないかと、最初からあらゆる感情を遮断しているみたいです」

それ以降、ヨンミさんはそれまで心の奥底に縛りつけていた本心を、少しずつ表しはじめたのです。

共感は、幸せな大人になるために備えておくべき能力

きわめて個人主義で利己的な現代社会。そんななかで生きる現代人は共感力を失っていくしかありません。人々は一方的に注ぎこまれるコミュニケーション方法に慣れてしまったせいで、相手に自分の考えを注入しようとするだけになります。他人の感情や状況を考慮しません。

しかし、他人に共感できる能力は、幸せな成人として生きるには絶対欠かせないものです。

他人に共感できてこそ、他人同士が互いに多様性を認め合い、ともに生きる方法を学ぶことができるのです。そして、**自分と違うのに共感し理解してくれる相手に対して、深い信頼と感謝をもって互いを思いやりながら生きることができます。**しかし、なによりも共感してくれる人がそばにいてくれるのなら、それだけで幸せなのではないでしょうか。

今日はふと　一杯のヘーゼルナッツコーヒーを飲みながら
閉じていた心を開いて　隠しつづけてきた言葉を伝えたい人が
ひとりいたらよかったのにと思うのです
さびしかった思い出を口にすると　一緒にいてあげると言ってくれる人
別れ話を口にすると　露をためた目で見てくれる人
希望を口にすると　夢に浸って喜んでくれる人
厳しい世の中　角を曲がるたびに疲れ果てていく人生ですが
ときには一杯のお茶を飲む余裕のなかに　さびしさを分かちあい
気持ちをわかってくれる　唯一の人
たとえ縁をつなぐ糸を引き寄せ　結びつけなくても
関係の枠を作っておかなくても
ティーカップが冷えるころ　あたたかい人生を語ってくれる人
今日はふとヘーゼルナッツコーヒーの香りがする
そんな人が恋しくなります

ペ・ウンミ「気持ちをわかってくれる唯一の人」

「被害者症候群」に警戒しよう

現代社会では、他人のために犠牲になるのは愚かな行為です。

ある日、教師である友人が不満を並べ立てました。

「最近学校で子どもたちにちょっとしたことをさせようとすると、どんな言葉がいちばん返ってくると思う？　『なんでわたしなんですか？』って言うの。それを聞くだけでノイローゼになりそう」

「なんでわたしなんですか？」と言うのは、「なんでわたしがやらなければいけないんですか？　わたしの仕事でもないし、ほかの人たちはやらないのに」と言っているのと同じです。

この友人の話で、いつだったか新聞で読んだ記事を思い出しました。パレートの80：20の法則によると、20パーセントの人が80パーセントの仕事をするそうです。ところが会社員の約70パーセントが、自分のほうがほかの人よりも多く仕事をしていると答えているようです。

これは多くの人が、自分は損をしていると被害者意識に浸っていることを示しています。

彼らは叫びます（相手から嫌われるのではないかと、どうしても口に出して言えない人が大多数ですが）。

「なんで犠牲にならなければいけないの？」、「なんでわたしだけ仕事が多いの？」と。

このように犠牲を払うのを避ける原因は、どこにあるのでしょうか？

現代社会は冷酷な競争のなかで個人の能力だけで戦い、勝たなければならない個人本位の社会です。

個人は、価値がなくなるや廃棄されかねない消耗品になってしまったのです。 こうした状況では集団のために自己を犠牲にするよりは、いますぐ得られる最大限の利益を導き出すほうが大切です。ですから、**他人のために犠牲になるのは愚かな行動なのです。**

一方で、人々があまり移動せず一か所に集まって暮らし、共同体意識が大切だった時代は、自分がなにかを犠牲にすれば、いまは損をしたとしてもいつか集団から賞賛してもらえて見返りがありました。

他人のためにきつい仕事を厭わない人は、最後にはその集団で中心的な役割についたのです。 そのため長期的に見れば、犠牲は決して徒労には終わりませんでした。

しかし、人々がひんぱんに移動をして、出会ったかと思ったら別れる現代社会では犠牲を払ったり損をしたりしても、見返りが得られる機会はほとんどありません。

ですから人々は損したらどうしようと、神経を尖らせて生きるのです。

「なんでわたしが？」と問いながら。

犯人に悲惨な過去があったら、犯罪は許されるのか？

最近の映画はとても親切です。映画が興行に成功すると、その映画の主人公がなぜそうならざるをえなかったか説明する続編が必ず作られます。観客の想像に任せるようなことはしません。

『スター・ウォーズ』シリーズをはじめ、『バットマン　ビギンズ』、そして少し前の『ハンニバル・ライジング』さえ主人公の未来を追うのではなく、そうならざるをえなかった理由を逆追跡します。すると観客はうなずきます。

「ああ、あんな理由があったのか」

まるでそれらしい理由があれば、彼の行動が許されるとでも言わんばかりに。

『羊たちの沈黙』で人肉を食べる精神科医として登場したハンニバル・レクター。人々はみな、彼の理解できない残忍な行動に首をかしげたことでしょう。

ところが『ハンニバル・ライジング』では、彼がそうならざるをえなかった理由を親切に説明してくれます。

ハンニバルは幼少時に戦地で家族を失います。さらに、ひとり残った妹が飢えたロシア兵達に捕まって食べられるのを目撃し、妹を煮たスープも食べざるをえませんでした。妹を捕まえて食べた軍人たちへの憎悪と復讐心に燃えたハンニバルは、軍人たちをひとりずつ殺して食べます。

しかし、そうした理由があったからと言って、人肉を食べる現在の彼の行動が理解され、許されるわけでは決してありません。

なぜならば、もう大人ですし、過去の傷が現在に致命的な悪影響を与えないように、自分を制御しないといけない責任を負っているからです。

被害者症候群を持つ人たちの特徴

「わたしは過去に負った傷のせいで、いまはこうするしかない。ですから、あなたはわたしのことを理解して、わたしの望みを聞かないといけない」

こんな心理を「被害者症候群」と呼びます。

なぜ現代人の多くが被害者症候群に陥るようになったのでしょうか？

それを端的に説明する言葉があります。あるお笑い番組で流行っていた言葉です。

「欲望に忠実になれ！」

以前は、欲望という言葉を口にするだけでも赤面したものでした。しかし、現代では欲望はもはや隠したり恥ずかしがったりすべきものではなく、堂々と表現して、積極的に探し求めるべきだと受けとめられています。むしろ、欲望を表し、追い求める人のほうが正直で能力がある人間として描かれます。

こうした変化は、心理学理論がひどい具合に使われ、拡散されていることに原因を見出すことができます。とくに最近、小説やエッセイで、心理学理論の表面的な部分だけを使って自己の内面を打ち明けるようになってから、心理治療に対する誤解が多く生まれました。

そのなかのひとつが「感情の自由な表現がメンタルヘルスには欠かせない」という思い込みです。

「頭に来たときは怒りを表せ」、「自分の感情を決して隠していけない」などのアドバイスがいろいろな心理学の本に登場し、感情を正直に表すのがきわめて健康的なことのように語られています。

自分がどんな感情を持っているか知るべきだが、ぜんぶ表に出すべきではない

しかし、精神分析で「エス（欲望）あるところにエゴ（自我）あらしめよ」という言葉は、**本能的な欲求や感情を自分に対して隠すなという意味であって、すべてを表にあらわせという意味ではありません。**

もしわたしたちがうちにある欲求や感情を選ぶことなくすべて表現したら、みなぞっとするような怪物になってしまうでしょう。

「わたしはこうするしかない」と言って、「あなたはわたしが望むことをすべて聞かないといけない」というのは、まさに暴力です。

それなのに、被害者症候群の人たちはいつまでも自分を被害者だと思っています。

彼らがそう思っていられるのは、過去に自我が傷つけられるか抑圧されて、傷ついたと確信しているからです。

彼らは「過去につらい日々を送ったわたしは被害者だ。ですから、いまこうしているのは当たり前のことだ。**お前はそれを理解し、わたしに優しくすべきだ。そして過去に与えられなかった愛情をわたしに注いでほしい**」と思っているのです。

2007年に大変人気があったドラマ『私の男の女』のファヨンがそうです。

整形外科医のファヨンはいちばん仲のいい友人ジスの夫と燃えるような恋に落ちます。欲望に忠実なファヨンは、ついにはジスの夫を奪って自分のものにします。

「どうしてわたしにこんな仕打ちができるの？ 獣《けだもの》たち」と泣き叫ぶジスの声に、ファヨンは「そうよ、わたしたちは獣よ。幸せな獣」と平然と言い返します。

以前だったら想像すらできなかった言動にためらわなくなったファヨン。**彼女がそんなことができたのは、つらい過去のせいでした。**彼女は嫁ぎ先と実家の家族をすべてひとりで養っていたのに、夫が自殺すると「浮気をして夫を殺した女」と後ろ指をさされたのです。

さらに、彼女の母親はお金にしか関心がなく、苦境にある娘に向かってためらいもなく「あばずれ」と言う人でした。ですから、被害者である彼女はいちばん親しい友人に、「そうよ、わたしたちは獣よ。幸せな獣」と堂々と言えたのです。

被害者症候群の人たちはファヨンのようにみんな堂々としています。その堂々とした態度のなかに、さらには特権意識まで根づいています。**自分は被害者だという考えに陥ると、だれもが自分のことをとても特別な存在だと思うようになります。**

言ってみれば、「お前なんかにこの苦しみがわかるのか？」ということです。

そのため、無意識のうちにつらい状況を演出して、それに耐えることがむしろ喜びだと思う場合すらあります。

被害者症候群に陥らないためには

被害者症候群は知らずしらずのうちに近づいてきます。罠に落ちないためには、次の3つを念頭に置く必要があります。

一番目に、過去にいくらつらい傷を負ったとしても、現在の自分の行動に対する責任は自分自身にあります。過去に自分を苦しめた人に、責任を転嫁できないという意味です。

コン・ジヨンの小説『私たちの幸せな時間』(蓮池薫訳、新潮社、2007年)でユンスはこう言います。

責任を負うというのは「理由はどうあれ、それはわたしが取った行動であると認めること」だと。そして、過去の傷に縛られて苦しいのは、自分だけです。それどころか、苦痛を与えた人たちはそんなことすら忘れて、幸せに暮らしているかもしれません。十分にありえることです!

二番目に、わたしがいくら善良な被害者だと言っても、ほかの人たちに害を及ぼす行動が許されるわけではありません。そういう行動は、やってはいけないことです。

ですから、被害者だという思いから抜け出し、自分に正直になる必要があります。**わたしのなかに悪魔がいるという事実を認めれば、ほかの人たちの欲望も理解し、受け入れられるようになります。**みずからの欲望と他人の欲望が互いに手をつなぎ、大きく葛藤することなく最大限の満足を得ながら共存できる方法が学べるのです。

三番目に、決して損をせず、犠牲を払おうとせずにいることは、人生の大切な楽しみを失ってしまうことです。もちろん、自分の幸せに背を向けたまま、犠牲になろうとするのは自虐的傾向であり、病的な行動です。

しかし、考えてみると、他人のために喜んで時間や労力を使う犠牲は、だれもができることではありません。**自負心がある人だけが損することに喜んで耐えられるからです。**そして他人を助けて、その人にとって必要な人になることは、人生において得られるもっとも価値ある喜びのひとつです。

ですから、犠牲の価値をけなしたり、おとしめたりしてばかりいるのは、自分自身が愚かであることを示す証拠かもしれません。

Chapter

03

仕事と人間関係抜きには成熟しない

働き盛りの人間の憂うつ

今日もいつもと同じように目覚まし時計が鳴ります。起きなければ大変なことが起こるとでも言いたげに、騒々しく大げさに。彼は手探りで時計を探しだして止めてまた寝ます。その後すぐにスマホが震え、オーディオが歌いはじめます。

こうしてキョンジュンさんはようやく目を開けます。

心のなかでは「起きないと」と思っているのに、体は鉛のように重く、重労働でもしたかのように疲れ果てています。あと30分、いや、あと10分寝られたら……。会社に行くことを考えるとうんざりして、ふとんを頭までかぶるものの、いつも自分のことをばかにする、憎らしい部長の顔がふと浮かびます。

「もう〜」

キョンジュンさんはかろうじて満員電車に乗り込むのに成功します。時計を見ると、このままいけば9時58分ごろには到着できそうです。遅刻は逃れましたが、なぜかしきりに腹が立って頭がおかしくなりそうです。

ようやく入った会社です。就職できなくて死にたいと思うくらいに焦っていた時期を思い出すと、こんなことをしていたらだめなのに……。彼はにっちもさっちもいかない自分の姿が、まるでクモの巣にかかった虫みたいに思えます。べたべたするクモの糸にからまり身動きが取れないまま、いつクモのエサになるかわからない身の上に。

オフィスのドアを開けて、慌てて自席に向かうキョンジュンさんに、だれかが「おはよう」と叫びます。

みんながうわべを飾りすぎていると考えます。顔いっぱいに作り笑いを浮かべて挨拶をする同僚に、彼は内心「本当にそんなに楽しいのか」と尋ねたい思いでした。

今日までに提出しないといけない報告書があるのに、まだ終わっていません。

モニターをじっとのぞきこみながら速度をあげてみるものの、さっきからずっと同じ行です。毎日、今度のプロジェクトの件で部長から雷が落ちているのですが、今日はまたどんなことを言われるのか、ため息が漏れます。

会社で「働かない」人にも理由がある

もちろん、この世の中に会社生活がおもしろくて楽しいだけの人はいません。また、ほとんどすべての組織に広がった熾烈な競争システムにより、会社員たちの憂うつはすでに深刻な社会現象になっています。

ところが、現役世代の若い人の憂うつはきちんとした扱いを受けていません。「働き盛りのくせに、なに贅沢なことを言っているんだ」と、現役世代は無視されがちです。本当にそんなふうに無視してよいのでしょうか?

最近の大人は、就職先を見つけたとしても、それだけでは安心できません。そこで明確な目標がないまま、不安感だけでもぬぐおうと学校へと押し寄せるのです。別名「サラリーデント」(サラリーマンとスチューデントの合成語)の登場です。

明け方やお昼の時間で英会話を学び、退勤後も自己啓発を目的になにかを学びに行く人たち。絶えず資格証を取るためにがんばったり、いっそのこと転職を目指そうと試験や進学の準備をしたりします。もちろんこうした姿は、自己発展が目的の肯定的な努力として評価されることもありますが、**問題は大部分の人がしかたなく選択している点にあります。**

このように、正体不明の強迫症より、成功しようと思う意志よりも、**淘汰されることへの不安が先立てば、仕事や人生において楽しみと意味を見出すのが難しくなってしまいます。**

これが後遺症として現れた人たちが「ギャラリーマン」です。まるでゴルフ競技を見物するかのように職場のあらゆる仕事を傍観する会社員のことを、ゴルフの観客たちであるギャラリーに例えた言葉だそうです。

いくら仕事ができても、ついていく人を間違えて追い出される上司を見たりして、細く長く生きるのが最大の目的になった彼らに当事者意識があるはずがありません。もっと仕事ができるようになろうとがんばりはせず、ただ与えられた仕事を忠実にこなし、世相の流れをうかがいながら適当についていくだけです。

最近流行している「岩盤水族」*もこれと似た文脈ですが、会社でだれの目にもつかず、静かに息を潜めている人たちのことを表した言葉です。

もしかしたらこうした行動は冷たく不確実な現実のなかで、彼らの言葉のように「細く

＊訳注／深層岩盤水が地中深く流れるように、会社組織の目立たないところで、指示された仕事だけを黙々とこなす人たちを指す俗語

長く」会社生活を送るための彼らなりの苦肉の策に違いありません。

しかし、こうした生活が続くと、仕事で得られる達成感はおろか一日一日を生き延びるのすらつらくなり、慢性的な憂うつさから逃れにくくなります。

そのため、多くの会社員が「スマイル仮面症候群」に悩まされています。

円満な人間関係を築くのにはいつも笑顔でなければいけないと思い込んだ結果、顔で笑って心ではさらに憂うつになるのです。

彼らは共通して、他人が嫌がることを言えません。それで、ときに言わなければならない状況になると、その悪役をだれかに代わってほしいと思います。どうしても言わなければならない場合は、言葉を切り出す前に相手の反応をうかがいます。そしてふつうの口調で話し終えてから、笑顔で会話を終えるのです。心のなかではそんな偽善的な姿が嫌だと思いながら。

こうした症状のある人たちが危険な理由は、自分が憂うつに陥っていることに気がつかないことにあります。**ほとんどの人が理由なく不眠症や疲労を訴え、あらゆることにいら立つことが増えた自身を責めるだけです。**

前だけ見て走っていればある程度の富と成功がついてきていた昔とは違い、いまの大人は富と成功がどこにあるのか探すところから始めなければなりません。彼らは自嘲とともに尋ねます。

「わたしたち、本当に豊かな世代なの？」

いろんな世代が一緒に働くことで起こる問題

それでも、新しい大人の世代は、それ以前の世代とは明確に区別できる特徴があります。**それは彼らがひとりで働くのに慣れているという点です。**

わたしも病院で働いていると、息をつく暇もないほど忙しい瞬間が多いのですが、そんなときにも医局で同僚たちとおしゃべりをし、ギターを弾いて歌を歌ったり、ゲームなんかをしたりしてストレスを発散したものです。しかし、最近ではそんな光景も見かけなくなりました。医局に入ると、みんなコンピューターを使っているかスマホを見ていて、各自が違うことに熱中しています。

しかし、会社は組織です。それもさまざまな世代が集まり、各自の利益を追い求める利益集団です。そのため、既成世代の目には新世代があきれるほど個人的で自分勝手に見えるかもしれませんし、新世代の目には既成世代が私生活にまで入り込んでくると感じるかもしれません。

そのうえ会社は一定の規則に従って動く集団であり、個人の時間と能力に対して賃金を支払っているので、そこで働く人たちをコントロールしようとします。

しかし幼いときから母親の手に引かれて、あちこちの塾を転々とし、**息が詰まるようなコントロールのなかで生きてきた彼らは、自分の領域に入ってこられることに対して、強い警戒心を見せます。**その結果、職場の命令システムをコントロールと服従の関係と受け止め、これに耐えられず適応できない事例もあります。

しかし、この世代のいちばん大きな問題は、叱られ弱いことにあります。

両親の保護下で勉強さえできれば、そこそこの過ちは許してもらえていた彼らは、非難に対して敏感に反応します。過ちに対する責任について聞いただけなのにそれを非難と受け取って、ひどく挫折し、傷を負うのです。

そうした症状がもう少しひどくなると、否応なしに職場で我慢するしかない無念さと無力感にさいなまれ、憂うつへと落ちていきます。

「新世代と老世代に挟まれた世代」が受けるストレス

「新世代と老世代に挟まれた世代」の言葉にできないストレスを示す研究結果があります。英国で実施した職位とストレスの相関関係に関する研究によると、ストレスがもっともひどい職位は最終決定権と責任を同時に握っている最高経営陣ではなく、実務をいちばん多くこなしながら最終決定権はない中間管理職でした。

中間管理者は、たくさん仕事をするのに決定権はない、上にやれと言われればやり、やめろと言われればやめなければならない……。

あれこれと苦労ばかりの世代。そのせいでしょうか、このあたりの人たちは焦ります。これからもこの会社に通わないといけないのだろうか？　この機会に転職すべきかな？　転職後に後悔したらどうしよう？　なぜかこのまま過ごしたらいけないような不安感に、彼らの今日はひたすら重く感じられます。

やってもやっても満足できない人の理由

現代経営学の父であり、社会学の巨頭として知られるピーター・ドラッカー。彼は95歳という高齢になるまで執筆活動を続けたことで有名ですが、そのきっかけになったのはヴェルディのオペラでした。

彼は17歳のときにヴェルディのオペラを見て、大きな衝撃を受けました。**ヴェルディがそのオペラを80歳で作曲し、その後もさらに完璧な作品をつくるために努力したという事実を知ったからです。**

それ以降、ピーター・ドラッカーはそのときの衝撃を思い出しては、つねに完璧を追い求めました。

もちろん彼は生涯において、つねに完璧さが自分を避けていくことを知っていましたが、**それでも完璧さに向けられた情熱は、彼の偉大な業績の原動力になっていました。**

ピーター・ドラッカーだけではなく、成功をおさめた多くの人が完璧を追い求めた結果、後世に輝く業績を残しています。**完璧さに向けられた情熱が人を前進させる原動力である**

のは間違いありません。

しかし、「完璧を追求すること」と「その結果に満足するか」は別の問題です。

米国のコーネル大学の研究チームは、オリンピック競技でメダルを取った選手たちの表情に注目しました。

興味深いのは銀メダルを取った選手よりも銅メダルをとった選手の表情のほうが、満足そうに見えるということです。ひょっとしたら表彰台に上がれずに去ったかもしれない銅メダルの選手は、安堵と満足感が大きかったことでしょう。

一方で銀メダルの選手は、実力では1位をとれないはずはないのに、残念なことに勝利の女神の服のすそをつかめず2位になったと考えていることでしょう。そのため、銀メダルの選手は銅メダルの選手よりも満足度が低くならざるをえません。実際にこうした現象は韓国の選手たちに際立って現れています。銀メダルをとった韓国の選手たちは10人に8人の顔がこわばっていたのですから。

銅メダルを受け取った選手が銀メダルの選手より満足度が高いのとは少々異なる状況ですが、30名のなかには10位でも満足する人たちがいます。しかし、1位になっても満足できない人たちもいます。こうした人たちは完璧さを求めすぎて、つねに自分に満足できないどころか喜びも感じられません。

英才《ヨンジェ》さんがそうでした。ヨンジェさんは31年間生きてきて、いままで一度も名前負けしていると言われたことがありません。実際、だれにも劣らないインテリです。一流大学を卒業後に米国で修士を取り、現在は国内の外資系金融企業でその能力が認められています。また、バラ色の経歴同様に端正な見た目をしています。ひとつ残念な点があるとすれば、度が過ぎるほど笑顔がない人ということです。つねに真剣な表情で仕事に没頭していました。

周囲の同僚たちはヨンジェさんの推進力と几帳面さに呆れているくらいです。なかには、「度を過ぎた完璧さ」に訳もなく反感を抱く人たちもいます。しかし、ヨンジェさん自身は自分に対して満足したことがありません。いつもなにかが足りなく感じられました。

そのため、ちょっとの失敗をしても「俺はこの程度の人間なのか」と落胆する思いに押し潰されそうでした。

ちょっと前に、ヨンジェさんは長いあいだがんばって取り組んできたプロジェクトで大成功をおさめました。

特別休暇と報奨金をもらい、同僚たちもみんな祝ってくれました。しかし喜びも束の間、翌日は久しぶりの休暇のおかげで朝寝坊したのですが、心が重くなりました。

昨日の成功がたいしたことないように感じられ、その程度のことで寝坊をした自分が情けなく感じられるのでした。

このように己に完璧さを求めすぎると、喜びを感じ、楽しむ能力が失われてしまいます。喜びをもう少し味わってもよい時間に、みずから鞭を打ちつづけることになるのです。

理想が高すぎないか見つめなおしましょう

いくら成功しても満足できない人たちは、きわめて高い自我理想を持っています。その ため理想と大きく違う惨めな自分の姿に対してつねに劣等感と羞恥心を抱かないわけにいきません。

ヨンジェさんもそうでした。いくらがんばっても父を満足させられないできの悪い息子でした。

並外れて向上心が高い父親は、貧しさのせいで達成できなかった夢を、賢い息子を通して実現させようとしました。そのため父親は幼いころから、ヨンジェさんを厳しく勉強させたのです。おかげでヨンジェさんは全校で1位という成績表を差し出しながら、父親の顔色をうかがわなければなりませんでした。

「この程度の町の学校で1位になったって、なんの役にも立たないぞ。全国の順位を見ないと。お前は毎日勉強をするといって座りながら、いったいなにをやってるんだ?」

ヨンジェさんは賞を取っても、1位になっても、決して喜べません。

そしていつのころからか、父親が望む息子になれないことに対する自責の念に苦しみはじめたのです。

しかし、友人たちは彼のひどい自己卑下を理解できません。職場でも同じでした。ほかの人たちだったら飛び跳ねて喜ぶようなことも、たいしたことなさそうに冷ややかな態度を取る彼は、周囲の人たちにとって「気に食わない人」になってしまったのです。

現代人は「成功強迫症」かもしれません

ある年、教育病棟長の任についたとき、わたしの下にはレジテントが6、7人、看護師と准看護師が15人近くいました。朝、病棟でミーティングの場に入ると、全員が立ち上がって迎えてくれて、わたしが座るまでだれも座りません。わたしの指示は、すなわちその病棟の法律でした。

「こんな小さな組織でもボスになればこんなに気持ちいいのだから、大統領になったら絶対に権力を手放したくないでしょうね」、そのときわたしは「権力への意志（will to power）」が人間の本性だというアドラーの言葉に心から共感しました。

ところが、現代社会で権力を握り、成功するのは勝者だけだと言われます。

19世紀まで、成功は前世代を凌ぎ次世代に向けて備えようとする努力の一環としての意味の方が大きいものでした。また、成功はほかの人たちの安らぎや平穏に寄与するのだという道徳的な意味も持っていました。

しかし、現代社会での成功は、競争相手たちに勝つことで能力を誇示するという、きわめて個人的な目的を持っています。ということは、成功できないのは、能力がなくて努力が足らない人生の敗者になることであり、負け犬になることを意味します。

事実、最近の若者たちが成功に向けて手段を選ばずに走りつづけているのも、もしかしたら敗者になることをひどく恐れているからかもしれません。

失敗に対する恐怖心は、成功に対する脅迫を生みます。どんなところでも競争をしてトップにならなければならず、**他人を踏みつけて勝ってこそ、人生できちんと成功したのだと感じるのです。**医療ドラマ『白い巨塔』でチャン・ジュンヒョクの義父がこうした現実を次のように表現しました。

「だれが杯に毒を入れるかなんてどうでもいいんだ。強い者が生き残るのではなく、生き残った者が強い者なんだ。よく見ると、君もわたしも脱落しないように全力でがんばっているのがそっくりだ」

生き残るためにかならず成功するんだと決心した人たちは、満足することを知りません。最高の地位に上りつめるまで、満足することはありえないからです。そのため少しの成功で喜ぶのを、みずから許さないのです。

なにか小さなことを達成したら、その喜びを味わう

人間は完璧ではありません。

そして、完璧ではないからこそ人間は、人間らしさを維持しています。**些細なことに喜び、他人を温かく迎え、互いに足りない部分を分かち合いながら、過ちを許し合って、笑い飛ばせるのです。**しかし、自我理想が高すぎるか、強迫症にかかっていて満足できない人たちには、「人間らしさ」が欠けています。

映画『幸せのレシピ』の主人公ケイト。有名なレストランで料理長を務める彼女は、朝から晩までたくさんの調理人に指示を出し、最高の料理を作ろうと努めています。同僚とランチを食べながらも、一生懸命にレシピを見て料理を研究するほどです。彼女は自分に問題があるなどと考えたこともありません。

ところが、新しく入ってきた副料理長のニックが彼女の生活をゆるがしはじめたのです。働くときもオペラを好んで聴くニックは、一緒に働く人たちをいつも笑顔にします。生活と料理において自然であることを追求し、仕事を楽しむニックは、すぐに厨房のスターに

なります。あるときケイトは、彼女が厨房に入っていくと全員が笑うのをやめて緊張するという事実に気がつきます。その後、ケイトはニックを通して周囲の人たちと息を合わせて仕事をする楽しみを見つけます。

もしあなたがケイトのように自分に完璧さだけを求めているのなら、一度考えてみてください。あなたが追求する完璧さとはいったいなんなのか、その完璧さはあなたのことをいつも不十分だと指摘していた、ご両親が望んでいたことなのではないか……。

完璧さとは、どんな人間にとっても初めから不可能なものだと心に刻んでおいてください。人間がもっとも美しい瞬間は、きわめて「人間的」だと思われる瞬間です。

しかし、なにか小さなことでも達成したときは、その喜びを存分に味わいましょう。そうやって少しずつあなたに入ってくる喜びは、あなたを肯定的に変化させ、潜在能力を引き出します。

完璧であるべきだという強迫観念を捨て、満足する喜びを味わえれば、間違いなく以前よりもずっと幸せになるはずです。そうなれば成功もともないます。成功した人が幸せなのではなく、幸せな人が成功するのですから。

人生を「絶対にやらなければならない」宿題のように生きる人たち

チョンアさんは着替えを持って来てほしいという彼氏の頼みを聞いてあげるため、帰宅するところです。彼氏は忙しいと言って、ありがとうの一言だけ口にし、そのままオフィスに戻りました。忙しさで言えば同じくらい忙しいのですが、理解してあげることにしました。転職して間もないから、ほかの人たちの顔色をうかがわないといけないに違いない、そう思いながら。

チョンアさんの別名は天使でした。職場でも、だれかが苦労していれば率先して手伝い、だれかから頼まれごとをされれば断りません。

わたしはチョンアさんとそっくりな人を『家族の誕生』という映画で見つけました。チェヒョンという人物ですが、なんでこんなにチョンアさんと似ているんでしょうか……。彼女は、だれかがお金が必要だと言えば、さっとお金を渡し、だれかがさびしいと言えば、いつでも駆けつけてお酒の相手をします。

こういう女性を恋人にした男性はどうなのでしょうか？　大体、はたして彼女にとって自分は大切な人間なのだろうか、と疑いを抱くようになります。そんなある日、他人の面倒をみるために、また彼との約束を破った彼女にこう言います。

「俺たち、終わりにしよう」

宿題をこなすかのように、世の中を生きる人たちがいます。

わたしでなければだめだと言わんばかりに、世の中のあらゆる荷をひとりで背負っていく人たち、職場でも家でも骨が折れることを引き受ける人たち、恋愛をするときも恋人の要求をすべて聞いてあげ、恋人の喜びが自分の喜びとなる人たち、いつも与えるだけで受け取れない人たち。

彼らにとっては、自身がどう感じるかはさほど重要ではありません。彼らを動かすのは自分自身の感情や判断ではなく、**つねに他人から必要とされることであり、他人の感情です。**ですから、今日も彼らは主張するよりも、自分が犠牲を払っていることを、いつか他人が認めてくれるだろうと信じ、骨が折れる仕事も引き受けているのです。

ところが不思議なことに、こうした「天使」たちは努力に見合うほどの評価や待遇を受けられません。厄介な仕事を引き受けているのに。

なぜでしょうか？

周囲の人たちがみな天使を利用しようとする邪悪な存在だからでしょうか？

もちろん、そういう場合もあるかもしれませんが、多くの場合は自分で墓穴を掘っているからです。無意識のうちに彼らは、自分が犠牲になる代わりに**その対価として愛情を渇望し、犠牲を払うことで相手よりも道徳的に優れていると証明したがり、それにより相手を身動きできなくします。**

ところがこうした気持ちは相手にことごとく伝わるものです。そのため人々は天使に感謝の思いを抱くよりも、**なんとなく気まずさを覚えて距離を置くようになります。**

さらに、前述のチョンアさんのように自己主張をまったくせずに、つねに犠牲を払ってばかりいると、人々はそういう状況に慣れてしまい、当たり前のように思います。

天使なのだから大変な仕事をするのは当然だし、やらなければむしろ変だと思われ、非難されます。天使が文句でも言おうものなら、平然とした顔で「だれもやれなんて言っていないよ。やりたくてやったんだろ？」と言われるのです。

自分を犠牲にすると、人より優位に立てる

こうした天使派とでもいうべき人たちは、精神分析的には「道徳的マゾヒズム（moral masochism）」に分類されます。彼らの内面には「わたしでなければだめ」という誇大自己とともに、多くの場合で自分に対して強い罪悪感を抱いています。チョンアさんもそうでした。

チョンアさんの母親はとても冷たい人でした。わがままになるからと子どもを抱っこもせず、子どもたちが病気になると腹を立てます。

長女のチョンアさんは、ふたりの弟妹の面倒をみながら、母親の関心を引き、愛情を注いでもらおうとして一生懸命になんでもやりました。しかし、いくらいい成績をとっても、家事を手伝っても、母親は決して彼女をほめてはくれませんでした。

彼女は母親に強い怒りを覚えます。それと同時に、母親に怒ることに対して強い罪悪感を抱き、母親に怒りを覚える悪い娘だから愛されないのだと考えました。罪悪感をなくすために、きつい仕事を引き受けておこない、それにより悪い自分を罰しようとします。

チョンアさんの自虐的な行動の裏には、強いナルシシズムが潜んでいます。**犠牲を払うことで母親よりも道徳的に優位に立ち、人々にとって必要な存在となり、自分は大切な人間なのだと感じたい**、という動機が無意識のなかに隠されていました。

もしもあなたが職場で骨が折れる仕事を引き受けたり、頼まれごとを断れずにいたりするなら、考えてみましょう。もしかして、愛の取引で犠牲を選んだのではないか……**愛されたくて、認められたくて払う犠牲は、愛の代価として自分自身を差し出すのと同じことになってしまいます。**つまり、自分を失ってしまうのです。もしそうだとしたら、あなたは愛されようとして、あまりにも多くのことを失っています。

なによりもあなた自身を失い、あなたをあるがまま愛してくれる人を得る機会を失うことが問題です。いつの日か、犠牲に対して喜びではなく憤りを感じるようになり、その結果、慢性的な虚しさと憂うつさに陥るしかありません。**ですから、心から喜びを感じられる犠牲でなければ、明日からやめてもいいと思います。**

人に仕事を任せると不安ですか?

小さな貿易会社の課長であるヨンウさんは、今日も夜遅くまで残業です。そのおかげで、彼の部下はだれひとり帰らずに残業をしていますが、彼らの表情は不満でいっぱいです。ところが、それはヨンウさんも同じなのです。21時ごろだったでしょうか、減らない書類の山を見てヨンウさんが爆発してしまいました。

「ちゃんと仕事しろ!」

こらえきれずにシン代理が言い放ちます。

「わたしたちのなにがだめだって言うんですか!」

「きみたちがきちんと仕事をしていたら、俺がこんなふうに一つひとつ確認しなくてもすむだろ?　俺も早く帰宅したいんだよ」

こうした雰囲気はヨンウさんにとっては日常と言ってよいでしょう。彼は最近の若者をまったく理解できません。なんでそんなに仕事がいい加減なのか、そして、なぜあれほどミスが多いのか。一つひとつ確認しないと仕事がだめになるのが明らかです。

そのため彼は、部下の仕事までいちいちチェックしなければなりません。彼らの大きなミスを見つけたことも実際にありますが、大部分はグラフに線を入れ忘れた、誤字があった、なめらかな表現でない、など些細なミスです。

ヨンウさんは仕事だけでなく、オフィスのすみずみまで口を出します。品物があるべき場所になかったり、タオルが斜めに掛けられていたり、ひどいときにはほかの人の机が汚いことまで口うるさく言うのです。

わたしたちの職場には、必ずヨンウさんみたいな人がいます。**他人を信じられず、あらゆることをみずからやらなければ安心できない人たち**。彼らはつねに心穏やかでなく緊張しており、いつも慌ただしいのです。あれこれと気を使わなければならないことが多いからです。

一方で、彼らは仕方なく他人に仕事を頼むときがあったら、いてもたってもいられません。仕事がどう進んでいるのか、どれほど進んだのか、あらゆる状況をすべて把握しておくべきだと考えるからです。

人々はそんな彼らを見て、「他人を絶対に信じられず、自分しか信じられない人間」だと言いますが、実はそうではありません。

彼らは自分自身も信じられません。

ですから、仕事の速度も遅いのです。几帳面なのはよいのですが、間違いがないか確認するために、ときにはもっと大きなものを逃すこともあります。そういうわけで、ほかの人たちよりも熱心に仕事をしますが、成果はあまり出ません。

すべて自分がやらないと安心できない人たちに共通して見られるのは、強迫的な性向です。**ずっと繰り返し確認しないと気がすまず、つまらないことに執着し、物が散らかっているのが我慢できず、つねに整理整頓をしている彼らは心が休まるときがありません。**

前述のヨンウさんがそんな性向を持つようになったのは、母親の影響が大きくあります。彼の母親は潔癖症でした。毎日、掃き掃除、拭き掃除に整理整頓を繰り返し、子どもたちにも同じことを強要しました。

子どもたちが家のなかを少しでも散らかすと猛烈に怒り、文字も罫線に合わせてきっちり書かせました。ヨンウさんはこんな母親に激しい怒りを感じます。

しかし、幼いころから母親に厳しく訓練され、禁止をされてきたので、厳格で融通が利かない超自我が形成されてしまっています。

こんな超自我を持っているなんて、度が過ぎるほど良心的です。

こんな彼にとって、**両親に怒りを感じるなんて決して許せないことです。怒りを心の奥深くに押し込めるしかありませんでした。**

かと言ってすぐに治まる怒りではありません。

そこで、しきりに外に出てこようとする怒りを抑えるために、「打ち消し」という防衛機制を発達させました。これはなにかを台なしにしたいという衝動を抑えることです。したがって、自分ががんばらないと台なしにしてしまうのではないかと、彼は何度も確認します。

ヨンウさんは母親に対する愛情と憎しみのあいだで、どうにもならない状態に置かれています。**相反する感情に挟まれて、つねに悩んでなかなか決断できずにいます。**そのため、仕事をこなすのに時間がかかってしまうのです。

世の中とは、少し足を踏み外しても転がり落ちるところではない

他人を信じられず、すべて自分でやらないと気がすまない人たち。

彼らはとてもさびしい人たちです。

だれも信じられず、ことごとく干渉してくる人をだれが好きになるでしょうか？ 他人を信じられないというのは、急に穴が開くかもしれない網の上を歩いているようなものです。いつ落ちるかわからないので、つねに緊張し不安な状態で生きているのです。

彼らは世の中をあるがままに感じて楽しむ自由をも失っています。 世の中はつねに備えて対応しなければならない危険に満ちたもので、ほかの人たちは信じられないくらいデタラメな人たちだからです。

もしあなたも他人を信じられず、すべて直接やらないと気がすまない人ならば、そのことでいつも疲れていて怒っている状態ならば、一度考えてみてください。

あなたは自分自身を信じているのか、ほかの人たちははたしてあなたのことを信じてい

るのか、と。**明らかなのは、あなたが他人を信じられずにいれば、他人もあなたを信じられないということです。**信頼とはギブアンドテイクなのですから。

もしあなたが自分自身を善良な人だと考え、間違えることもある存在だと考えるなら、しかしその間違いを修正できる能力もあり、間違えたときよりも合っているときのほうがずっと多いと確信できるなら、**ほかの人たちも自分と同じようなものだとわかるはずです。**あなたの心を占めていた不安と緊張が少し消えて、そこに自由と豊かさを吹き込むことができるでしょう。

また、世の中とは少し足を踏み外しても転がり落ちるところではなく、人々が信じあい、助け合いながら暮らすことができる、それなりに生きる価値があるところだとわかるはずです。そして、本当に世の中はそういうところなのです。

失敗に終わったものは、時間の浪費だったのでしょうか？

大学3年生のときから司法試験の準備をしてきたK君。彼は卒業後の数年間、考試院《コシウォン》＊で受験参考書に熱心に取り組みましたが、毎回不合格の苦汁を舐《な》めました。今回が本当に最後だ、とすべてを投げ打った試験さえも失敗に終わったある秋、だれにもわからないように、ある中堅企業に入社しました。

挫折の果てにスタートを切った社会生活でしたが、意外にも任された仕事が楽しくなり、すべての仕事で高い成果を上げました。そのため、彼と仕事をする上司は全員、彼に満足の意を表しました。

「君みたいに優秀な人に、ずっと前にわが社に来てほしかったよ。いままでいったいなにをしていたんだい？」

しかし、こうした賞賛を聞くたび、K君の心中は穏やかではありません。新入社員とし

＊訳注／おもに浪人生が勉強に集中するために滞在するベッドと机だけの宿泊施設

ては決して若くない年齢が気にかかります。

そんなとき、考試院に閉じこもっていた数年間がむだだったと感じられるのです。

「俺はかけがえのない20代を、いったいなにをして過ごしてたんだ？　いっそのこと卒業して就職すればよかったのに。就職していたら、いまごろは入社何年目だろう？」

これ以上考えたくないとでもいうように、ぎゅっと目を閉じてしまうK君。

考えてみると、ガールフレンドと別れたのも試験のせいでした。彼女は就職するようにすすめてきたのに、彼は死んでも試験をあきらめられませんでした。それは間もなく別れる理由になってしまいました。

もし、あのとき就職をしていたら、彼女と結婚していたかもしれません。

すべての過去は、今を豊かにする

試験勉強をしていた6年の歳月は、K君にとって消し去りたい空白の期間に違いありません。しかし、わたしはそうは思いません。

長い受験生活を通して、彼は集中力や根気、我慢強さを学んだはずです。そして、試験に落ちても繰り返し挑戦した経験を通して、どんなことでも恐れるよりまずぶつかってみるという勇気を得ました。失敗しても起き上がることができるという確信も得たはずです。

なによりも明らかなのは、勉強をしながら手に入れた無数の知識が、彼の精神を豊かにしたことです。

K君のエピソードは、江南に大きな病院を開業して、とんとん拍子に成功しているわたしの大学時代の同期を思い起こさせます。

彼は苦境にありながらもさまざまなアルバイトをして学費を稼ぎ、医学部をがんばって卒業し、いまは専門分野で認められた病院の院長になっています。

ところが彼は、病院がうまくいっているのか聞かれるたびに同じことを言います。病院で勤務医をしていた時間がとてももったいなかった、もっと前に開業すべきだったと言うのです。わたしは彼にこう言いました。

「ねえ、あなたがいまになって開業したのは、準備ができていなかったからでしょ。ずっと前に開業していたら、これほど成功していなかったんじゃないかな？　勤務医をしていたときは、実力と経験を積み上げながら知名度も上げてきたんでしょ？　それに、知らず知らずのうちに病院経営についても情報を集められたわけだし、心の準備もできたんだと思う。もし5年前に開業していたとしたら、銀行で大金を即座に貸してくれたかな？　まだ信用もないのに？　だから、時間を浪費したとかつまらないことを考えるのはやめなよ」

わたしも勤務先から独立して病院を開業した経験があります。

8年前、わたしは国立精神病院に勤務していました。その病院では12年間勤めました。10年以上も同じ職場に勤めながら、辞めたいと言ったことが一度もないと言えば嘘になります。わたしも人間ですから、悔しいときや退屈だと感じるときは口癖のようにつぶやいていました。

「もう、このまま辞めちゃおうかな」

しかし、その言葉は職場に失望し、人々に失望し、自分に失望するなかで傷ついてため息のように吐き出した言葉に過ぎず、本当に辞めるという言葉ではありませんでした。

ところがある時点から、わたしの心に訴えてくる声が、時満ちて辞める時が来た、とでも言うように切実になってきました。

わたしはずっと変わらない生活にうんざりしていたし、医師であり公務員でもある立場のせいか、対応しなければならない行政的な業務に嫌気がさしていました。

一方で、ある程度患者を診るのに自信がついていたし、そのころになるとほかの人たちからも認められ、多くの患者から依頼を受けていました。

そこで、わたしはついに病院を辞めることを決心しました。いったん辞めると決めると、わたしの青春がつまったその場所が切なく感じられるものです。ぶつぶつと文句を言いながら通った場所で、どれほど多くのことを学んだのか悟りました。

実は、そういう点では病院に借りがある人間です。そこでの12年があるからこそ、ここまで来られたのですから。

そんなふうに感謝を胸にして、思い出のある職場を去りました。簡単な決断ではありませんでしたが、**振り返ってみても、あのときほど辞めるのに適したときはなかったように**

思います。

そのことから、もう一度悟りました。

すべてのことには時があるということを、準備ができればわたしの心が動きはじめるということを……。

「退屈な」時間を恐れない

人々は現在の職場で時間を浪費しているのではないかとしばしば焦ります。「わたしがすべき仕事はこんなことじゃないのに、もっとまともな所が絶対にあるはず……」と、どうすることもできずに優柔不断な自分を責めて、不安がります。

しかし、役に立たない時間はありません。

あなたの理性は辞めろと言いますが、**心のどこかから躊躇する声がずっと聞こえるのなら、まだ周囲の状況が整っていないのではないか、心の準備ができていないのではないか、と見つめなおすべきです。**

心の声にもう一度耳を傾けてみるのです。いまあなたがすべきことはなんなのか。答えはあなた自身のなかにあるのですから。

現代人は退屈さを我慢できません。

そのため職場や結婚生活に倦怠感を抱くと、なにか間違ったと一気に不安になります。

しかし、退屈さはわたしたちに与えられた人生の条件のひとつです。ずっと繰り返される仕事に倦怠感を持つのは当たり前のことです。

退屈な時期は、なにもしない時期ではありません。**あなたが退屈しているあいだ、心のなかではむしろ多くの作業が活発におこなわれています。**いままで積み上げてきた経験を無意識のうちに分析し統合して消化する作業がおこなわれているのです。

ですから、貴重な時間を浪費していると思って不安になることなく、退屈な時間を恐れずに、その時間を楽しんでください。

退屈な時間がそれほど長くならなければ、いつかわかることでしょう。その時間があったおかげで、いまのあなたがあることを。

なぜ絶えず他人と比べるのでしょうか？

だれでも他人と比べられるのがいちばん嫌なはずです。

もしも、母親に「なんでこんな成績なの？　ちゃんと勉強してたの？」と叱られたら傷つくし、母親に申し訳ない気持ちにもなります。

しかし「弟は勉強ができるのに、なんであんたはできないの？」と言われたら、これっぽっちも申し訳ない気持ちは起こらないでしょう。プライドが傷つき、怒りがこみあげてきて、反抗したい気持ちになるだけです。

毎年、子どもの日のイベントで、子どもたちが大人に望むことを訊くと、間違いなく1位になるものがあります。

「お願いだから比べないで！」

わたしたちは、こんなふうに比べられるのを死ぬほど嫌がるのに、みずからは際限なく他人と比べる癖があります。

服装を比べ、車の種類を比べ、学力を比べ、家の大きさを比べ、彼氏や彼女の外見や収入を比べます。極端になると、今手に持っている「おやつ」の大きささえも比べるのです。

次から次へと他人と比べる心理は、少しでも他人より上に立ちたいという気持ちから生まれます。**それによって他人よりも愛され認めてもらえるし、他人よりも力があることを確認したいのです。**

実はこのように比べる心理は、ほとんど本能的だと言えます。わたしたちは生後かなりのあいだ、ひとりではなにもできない無力な赤ん坊として過ごさなければなりません。それに比べて兄や姉は自分より大きく、思うがまま行動できます。プライドが傷つきます。そこでわたしたちは兄や姉を妬み、嫉妬します。

あらためて考えると、わたしたちが生まれて初めて出会う人生最大の敵は兄弟姉妹です。もし、わたしが最初に生まれていたとしても、比較の対象が決してなかったわけではありません。ある日、突然弟か妹が登場すると、お母さんの懐とおっぱいを奪われ、家族みんなの愛情と関心をさらっていきます。これが取るに足らないことであれば、聖書に登場するカインは弟のアベルに嫉妬して殺人を犯したりしなかったことでしょう。

このようにして始まる比較は、一生のあいだ続きます。

人間は、写真を見た瞬間に自分と他人を比べ始めるもの

比較の心理が本能的なものだということは、心理実験によっても証明されています。オランダの心理学者ディーデリク・スターペルは、大学生を集めてふたつのグループに分けて異なる人物の写真を見せました。

彼らは言われてもいないのに、0・11秒という刹那、自分自身と写真の人物とを比べました。

その結果は興味深いものです。ピエロの写真を見た学生たちよりも、アインシュタインの写真を見た学生たちのほうが、無意識のうちに自分が賢さで劣っていると感じ、一般人を見た学生たちよりも、魅力的な外見の写真を見た学生たちのほうが、自分の魅力に引け目を感じると評価しました。

この実験は、わたしたちの脳が無意識に絶えず比較をしていることを、如実に表しています。

本能的な比較は、大人になっても続きます。

より能力が高いのはだれか、先に昇進していくのはだれか、よりよい結婚相手を選ぶのはだれか、人からの評価が高いのはだれかなどなど……。以前よりも比べ、比べられることが増えるのです。

しかし比較し過ぎて、つまらないことも他人と比べ、たいしたことでもないのに一喜一憂する人たちがいます。こうした人たちは自己肯定感が低く、強い劣等感を抱いています。そのため自分が大丈夫なのかをつねに他人と比べて確認しようとします。

また、解決できない兄弟間の葛藤によって、あらゆることで他人を競争相手とみなし、勝ちたがる傾向が見られます。

こういうときは、比較することがどれほど無駄か、思い起こすべきです。

もちろん短期的には、競争心を引き起こしてもっとがんばろうとするので、肯定的な側面も明らかにあります。

しかし長期的には、挑戦しようとする精神や新たな世界を経験して学ぶ機会を奪ってしまいます。なぜなら、比較の沼にはまると、**なんとしてでも他人の目によく映ろうとするのが最優先となり、自信があること、得意なことにだけしがみつくようになるからです。**すぐに結果が出ないこと、新しいこと、もっと努力をしないといけないことなどは試すことさえしなくなるのです。

そのため行き過ぎた比較は苦しく、非生産的な人生を招くことになります。すべての人にはその人だけの特性と美しさがあります。それは唯一無二のもので、比べられる性質のものではありません。

人生の目的は他人よりも優位になるためではありません。**人生をもっと味わい、楽しみ、幸せになりさえすればよいのです。**

しかしわたしたちは他人と比べずにいられない「人間」です。だから、比べる癖を悪化させるのだけはやめましょう。

仕事と人生のバランスを取る4つの方法

「わたしは自分の仕事が好きです。契約書にある穴を見つけ出したときに湧き上がる満足感が好きです。交渉がまとまったとき、わっと押し寄せてくるアドレナリンによる興奮が好きなんです。交渉、議論、そしてもっとも重要な核心を突いたときに会議室で味わうあのスリルが好きなんです」

ソフィー・キンセラの小説『家事場の女神さま』(佐竹史子訳、ヴィレッジブックス、2013年)におけるサマンサの言葉です。

彼女はロンドン最高の法律事務所で働く一流弁護士です。

セックスを6分で終えるとすぐにメールをチェックするほど、すべてのスケジュールを分単位で記録しています。それほど多忙な彼女にとって、6分間なにもせずにいるのはありえないことです。ふつうの人ならば、なぜそんなに忙しく生きる理由があるのかと首を傾げますが、彼女は違いました。だれよりも仕事が好きで、人生に満足しているのです。

サマンサは典型的な仕事中毒患者だと言えます。毎日、夜遅くまでオフィスで残業をし、それでも足りずに仕事を家に持ち帰って平然と徹夜をする彼女は、仕事以外には楽しみを思いつきません。彼女は成功し認められるために、ひたすら自身のすべてをかけて仕事に打ち込みます。

ところが、ある日サマンサは取り返しのつかない失敗をしてしまいます。つまらない業務処理をうっかり忘れてしまったせいで、法律事務所の大手顧客に少なくとも5000万ポンドの損害をこうむらせてしまいます。自分のとんでもなく大きな失敗で痛い目にあったサマンサ。

彼女はこの危機をどうやって切り抜けるのでしょうか？

仕事中毒者は、問題が大きくなってからようやく気づくことが多い

働き盛りの時期は、結婚と子どもを持つという人生の二大イベントが二頭馬車のように過ぎていきます。仕事面ではどんな分野についていても、仕事が増えていき、自分をアップグレードしつづけないとなりません。

わたしの人生でも、専門医になると、勉強からは解放されるかと思ったのに、本格的な

勉強は専門医になってからでした。患者を診て、レジデントの教育をし、学会での活動をおこないながら、その合間に論文も書かなければならなかった当時の自分は、文字どおり息つく暇もないくらい忙しい日々を過ごしました。子どもたちに食事をさせ、11時過ぎに机に向かって勉強を始め、午前2時から3時に就寝する、時間に追われる日々の連続でした。しかしそれでも当時は働き、勉強するのが楽しかったのです。

だれかにそういう生活をしろと言われたわけでもないのに、わたしはその時間を通して医者として、ひとりの人間として、成長していることに喜びを感じました。

そう思うと、わたしのその時期は精神分析の専門医になるためのキャリア強化の時期でした。おそらくそんなふうに忙しく過ごさなかったら、今日のわたしはなかったのではないでしょうか。

しかし、だからと言って仕事中毒ではありませんでした。仕事中毒者は、**仕事での達成感にはまり、健康を考えず休暇も取得しないまま、仕事にだけ没頭する人たちを指す言葉です。**場合によっては、結婚や恋愛も仕事の邪魔になりそうだと思ったら、先延ばしにします。仕事をしているあいだだけ生きている実感があり、仕事を達成することだけが自己を証明する方法だと思っているため、仕事がなければとても不安になります。そのため、ひどい場合は頭を休ませると言って休暇を取っても、ずっと仕事のことを考えています。

仕事中毒者たちはふつう自分が仕事に中毒になっているとは考えません。問題があることに気づくのは、身体に原因不明の異常な症状が現れたときや、愛する人との関係が限界に達したときなどです。

仕事によって生活が疲弊して、やっと自分に問題があることに気がつくのです。では、仕事中毒になって人生を台なしにする前に、自分をうまくコントロールするにはどうすればよいでしょうか？

ひとつめに、まずは休暇の計画から立てる

休息とは生きているすべての生命体に必ず必要なものです。

休みなしに仕事をすると、身体だけでなく脳まで蓄積される疲労に摩耗してしまいます。そんな時は、いつもならばなんとか収拾できる失敗も手に負えなくなります。

『家事場の女神さま』でサマンサが逃げるしかなかった理由も、実は判断できるような

状態ではなくなってしまい、選択できる方法がそれしかなかったからです。

　小説での彼女の逃亡は、むしろ災い転じて福となす機会になります。

　彼女はなりゆきで田舎の家庭に家政婦として就職し、**普段は軽蔑している家事と格闘しながら、いままでとはまったく違う人生を送るようになります。**素朴な農村の青年と恋愛をして、人生の本当の幸せを見出します。

　しかし、わたしたちがサマンサのような道を追うのには現実的に無理があります。ありとあらゆる情熱を注いだ仕事を突然に投げだせる人がどれほどいるでしょうか。また、お金を稼がないといけない状況なら、アルコール中毒を治療するために酒を断つようには仕事を辞められないのではないでしょうか。

　そこで、わたしが提案する仕事中毒の人たちのための最善策はこうです。


「疲れた頭では考えることができません。疲れたときには再充電しましょう」


　ところが、仕事中毒の人たちはこんな忠告を聞くと、

「そんなことも知らないと思ってるの？　休まないのは、休めない状況だからですよ」

という心の声をそのまま顔に表します。

「いまは自分ひとりだけ休めるような雰囲気じゃない」

「今度の仕事が終わったら、本当に休むつもりだ」

などの言い訳を並べ立てます。
ところが、とんでもないことに、毎回その仕事が終わるとすぐに別の仕事が待っていま
す。とくに仕事中毒の人たちだけを。

ときにはぶらぶらする自由を自分に許しましょう。

もしぶらぶらしているうちに永遠に遅れを取りそうで心配ならば、自分を信じましょう。
仕事中毒のあなたはある程度の休息を取ったら、また仕事に熱中できる人です。なぜか
と言うと、あなたはそういう人ですし、そうやって生きてきたからです。

そして休息は仕事と同じで、無理にでもその機会を作らないとだめです。ただ待ってい
るだけではだめなのです。

ですから、仕事を言い訳にせずに、休暇の計画から立ててください。休暇に合わせてス
ケジュールを調整してこそ、あなたはちゃんと休暇を取れるようになるのです。

ふたつめに、仕事がなければなぜ不安なのか、考えてみましょう

仕事中毒者たちは、仕事がないと、なにかが抜け落ちたみたいに物足りなくて不安です。**彼らは仕事に没頭しているときにだけ、自分の存在と価値を感じます。**仕事を達成することだけが、他人から認められ、愛される方法だと信じているのです。

サマンサが仕事中毒になったのも、本当は母親に愛されたかったからです。娘よりもひどい仕事中毒の母親も人気弁護士です。母親は歩いてわずか5分の距離にいながら、娘の誕生日ディナーに顔を出せないくらい忙しいのです。そして、娘が1か月に200時間も働いたと自慢すると、人並み以上の成果を出さないとほかの人に勝てないわよ、と怒ります。

ですからサマンサが母親から愛され、認めてもらうには、ほかの人に勝って成功するしかなかったのです。事実、彼女が家政婦になったのも、家政婦を選ぶ面接で負けるわけにはいかないという負けん気のせいでした。

仕事中毒の人たちの、母親から愛されたいという思いは、ほかのあらゆる種類の中毒者たちが告白する内容と一致します。

仕事中毒者たちが仕事に酔っているときの感覚は、アルコール中毒や薬物中毒の患者たちが酒や薬物に酔っているときの感覚とまったく同じです。これはまるで母親の胸に抱かれているような、「大洋感情」*とも似たものですが、彼らがこのような感覚に執着する裏側には、**無視され、捨てられることへの不安と恐怖が存在しています。**

そんなサマンサが仕事で取り返しのつかない失敗をしたということは、彼女が母親の愛情を失い、母親から冷遇されることを意味します。

こんなとんでもない現実を前にした彼女の姿は、まるで大失敗をしでかした少女が、恐ろしく冷淡な母親の前で哀れにもぶるぶると震えているようです。

もしかしてあなたも仕事で達成することだけが、他人から認められ、愛される唯一の方法だと考えていませんか？

そうであれば、あなたは仕事をしながらも不安を覚えるしかありません。なぜかと言うと、**自分に小さな失敗のひとつも許せないのであれば、つねに緊張状態に置かれたままに**

＊訳注／万物との一体感

なるからです。こうなると、あなたは仕事の「奴隷」にすぎません。

もし達成だけが、両親から愛され、認められる唯一の方法だと思っているなら、また、達成できなければ見捨てられるかもしれないと不安に震えているならば、考えてみてください。あなたはもう両親がいなければ生きられない子どもではありません。ただ、あなたの心のなかにいる傷ついた子どもが、また同じような状況になるのではと恐れているのです。

あなたはもう大人で、あなたの人生の主《あるじ》です。**あなたがいまその地位にいるのは、あなたにそうした能力があるからです。**力と能力を感じ、楽しんでください。そうすればあなたはいつ仕事をして、いつ休むべきかの計画を立てながら人生を楽しめるようになるでしょう。

3つめに、あなたが全部やらなければならないという思いを捨てましょう

生きていると、やらなければいけないことが山のように積みあがるときがあります。仕事がたくさん与えられるということは、それだけ能力があるということです。ですから、職場であなたに業務が殺到するのであれば、あなたがそれほど重要な人だということの証明です。

しかし、それらをすべてひとりでこなそうとしたら、ひとりぼっちになってしまうかもしれません。ほかの人たちはあなたをいい目で見なくなるでしょうし、休まず仕事に没頭するあなたも疲労で苛立ちながら、被害者意識にとらわれるようになるでしょう。

もし手に負えないくらい仕事が溜まっているのなら、最初に片づけるべき仕事を決めましょう。

また、あなたがこなせない仕事は人に助けを求めるか、頼んできた人の分として残しておきましょう。ほかの人のお願いを断れる能力も、とても重要です。なぜならば、無理な依頼を引き受けたあげく、ほかの仕事との両立がたいへんになり、結果的にきちんとした

仕事ができないのであれば、最初から断ったほうがよいからです。**仕事に埋もれて生きていると世の中を見ることができなくなります。**そうなると人生の方向感覚さえも失い、判断力も鈍くなります。

ですから、もしいま仕事が積みあがった部屋に座っているならば、まずその部屋から整理しましょう。このとき、仕事に優先順位をつけて最重要な仕事からおこない、**あきらめてもいい仕事はあっさりあきらめたほうがよいです。**

どうあきらめたらよいかわからないなら、あなたは多くの仕事中毒者のようにスーパーマン・コンプレックスに陥っているのです。

あなたはスーパーマンでもスーパーウーマンでもありません。ですから、すべてやれるわけないのです。**自分の限界を認めれば、やらなければいけない仕事の30パーセントほどは減らせるはずです。**

4つめに、仕事をするのは幸せになるためです

一日じゅう激務に追われて深夜に帰宅するとき、なんでこの仕事をしているんだろうという本質的な問いが浮かんでくることがあります。

あなたにも訊きます。

あなたはなんのために、そんなに熱心に仕事をするのですか？

フロイトは人間の精神的な健康を表す指標として、「仕事をする能力」と「愛する能力」を挙げました。

彼の言葉どおり、わたしたちは人生において仕事と愛のバランスが取れているときに、安定感と幸福感に包まれます。

考えてみましょう。**自分にすべきことがあり、そばに愛する人がいること以上に祝福されたことがあるでしょうか。**

仕事はわたしたちに生存を保証してくれ、活動の土台を作ってくれます。

しかし、こうした仕事の本来の目的を忘れると、仕事にだけ没頭して生きることとなり、ほかの喜びを失ってしまいます。

もちろん、仕事から得られる達成感や自己実現による充実感を否定するわけではありません。しかし仕事中毒になってしまうと、楽しみも失われます。つねに片づかない仕事に追われ、焦りと不安に苦しむからです。

仕事中毒の人たちの大部分は家族との関係でも問題が起こります。

彼らは、家族のために働くのに、なぜわかってくれないのかと反論し、家族は彼らに「必要なのはお金ではなくあなただ」と言うのです。そうするうちにお互いの溝が深まり、ある瞬間に家族からもそっぽをむかれるようになります。**疲れた心を慰め、休ませることができるせめてもの空間さえなくなってしまうのです。**

そのため、あなたが仕事に追われて、ほかのあらゆる幸せを逃しているとしたら覚えておいてください。あなたは幸せになるために、仕事をしているのだということを。

仕事を辞める前に考えるべきこと

新入社員として働きはじめて間もない弟が兄に聞きました。

「兄貴、すごいな。どうしたら十年も会社に通えるの？」

「なんで？　もう仕事が大変になっているのか？」

「うん。毎朝の出勤がすごくつらくて。いつまでこうやって過ごさないといけないのかな？」

「まだ本当のつらさを知らないんだな。あと2年通ってみろよ」


仕事を辞めたいという思いは、ふつうは職場生活が2年ほどしたころにやってきます。そのあとも何度かやってきて、その後は1日に何度も辞めたいという衝動に駆られます。おそらくそのたびに辞表を書いていたら、数え切れないほど転職していることでしょう。もちろん、再就職が毎回可能だという前提があっての話です。しかしほとんどの人たちは簡単に辞表を書いたりはしません。

仕事を辞めればすぐに生活できなくなり、未来が不安になるため、辞表を出すのをためらうことになります。

だからと言って、**適性に合わないのに無理に仕事をするのも、人間関係にひどく苦労しながらも平気なふりをして生きるのも、すべての人にとって百害あって一利なしです。**

実際に転職したら後悔するかもしれないという思いから、発展の可能性をあきらめてもいけません。そればかりか終身雇用がなくなってしまった現代社会では、転職はキャリアを積むための重要な手段です。

さまざまな理由から、わたしたちには人生で少なくとも二、三度は勤め先や業種を変えるべきタイミングがやってきます。問題はそのタイミングがいつなのか、ベストな選択なのか、どうすればわかるのかということです。

1か月だけ待ってから辞表を書きましょう

普段から怒りっぽい性格のため、周囲の人たちとしょっちゅう衝突する人は、怒りがこみあげたときに心のなかで「ひとつ、ふたつ、みっつ」と数えてから言葉を口にするとよいです。そうすると気持ちが少し落ち着き、相手に致命的な言葉や行動をぶつける危険性も下げられます。

協議離婚を申請すると、離婚について熟考するようにと裁判所が3週間という期間を置くのも、怒りに任せて離婚するのを減らすためです。そして実際に効果があることが実証されています。

そのため、もし会社で不当な扱いをされたとか、会社に失望して辞表を出したい衝動に駆られたら、**1か月だけ待って辞表を出すようにしましょう**。1か月あれば、少なくとも感情的で衝動的な決定はしないですみます。

人々が会社を辞めたいと打ち明けてくるときに伝えている言葉があります。

「辞表は決心すればいつでも出せます。今日でも、明日でも、1か月後でも……。実際にインターネットでファイルをダウンロードして、何か所か記入すればすむんですから。でも、一度提出した辞表を出さなかったことにするのは難しいですよ。辞表を提出すると、咄嗟《とっさ》に上司はあなたがいなくても仕事が回る方法を考えだします。ですから、もう少し考えなおしてみましょうよ。あなたがなぜ辞めようとしているのか、やめる場合に代案はあるのか、あとで後悔しないのか……」

そう言うと、半数以上が辞表をしまいます。

どんな決定であれ、感情的であってはいけません。とくに、重要な決定であればあるほど十分に時間をかけて考え、冷静な判断を下す必要があります。

会社の「あらゆる人間関係が気まずい」なら、問題はその人にある

人々が会社を辞める理由の第1位は、人間関係のつらさだそうです。もしあなたも同じ問題で悩んでいるなら、問題の本質をよく見てみましょう。

たとえば、ひねくれた性格の上司のせいで苦労をしているなら、ほかの同僚や先輩たちに助言を求めて対処法を学ぶとか、どうしても受け入れられない性格の人ならば、そんな人間を幹部に選んだ会社の体質について考えてから決めるのがよいでしょう。

しかし、特定の人にだけでなく、あらゆる人間関係が気まずいのであれば、問題はあなたにあります。

自分を無条件に受け入れてくれることを望む依存的な人は、職場での割り切った契約関係に耐えられません。職場をお金だけで人を搾取する恐ろしい場所だと考えているのです。

自我理想が高い人は劣悪な職場に我慢がなりません。その場合、職場はひどいところで、そこで作り出された商品は価値がないものに感じられます。

劣等感が強い人は、実力不足を職場の雰囲気や上司のせいにすることが多いです。上司という奴らは、みずからの無能さを部下のせいにする人たちで、会社は職員を監視する殺伐とした所だ、と不平を言います。

このようにあなた自身に問題があるときは、転職をしてもなんの役にも立ちません。どこに行ってもまったく同じ問題が繰り返され、傷だけが深くなっていきます。ひどい場合、あまりにたくさんの転職を繰り返すと、ある瞬間から社会性の低い問題児の烙印を押されるようになります。

ですからこの場合は、会社を辞めて別の仕事を探すのではなく、いま通っているところで問題を解決するのが最優先です。

「本当に不満がないのか」正直に聞いてみてください

人間関係の問題だけでなく、最近は外国に留学するために、またはいまよりも安定や高収入を保証してくれる教師や公務員、専門職などに応募しようと、会社を辞めて勉強しはじめる人が増えています。

もしあなたもそういう理由で悩んでいるならば、じっくりと考えるべきことがあります。

いつから勉強したいと思ったのですか？

いまの仕事への不満のせいで作られた急ごしらえの夢ではありませんか？

もしかして、両親が後押しをしてくれ、勉強さえしていればよかった学生時代が懐かしいのではありませんか？

試験に受かる確率は何パーセントぐらいですか？

試験に落ちたときの代案はありますか？

そして最後に、こんなふうに自分に問いかけてみてください。受かる保証もない難易度の高い試験を受けるために辞職するのが、自分にとってよいことなのか、本当に自分が望んでいることなのか、と。もしかして、つらくて惨めな現実からとにかく逃げたいからなのではないかと……。

このような話をしていて、つけ加えたくなった言葉があります。

「おそらく勉強しようとする努力の半分でも、いまの仕事に注ぐならば、あなたの職場生活は間違いなくうまくいくでしょうし、ずっと早くキャリアアップできるはずです」

しかし、それでも辞めたいという思いが固いのであれば、それ以上は引き留めたくありません。あなたが十分に熟考して下した決定であれば、**これから必要なのは決して後ろを振り返らないことです。**後悔は人を物怖じさせ、自信を失わせるだけです。ですから、一度決めたら、望むことに向かってすばやく動きましょう。

自分の選択が、最良の選択である

この世の中に正しい選択はありません。

だからと言って間違った選択もありません。

いまあなたが下す決定は、いまのあなたにとってベストな選択なのです。**そのため、「あとになって後悔することになったらどうしよう？」と悩む必要はありません。**たとえ、いつの日か軌道修正することがあっても、いまは前進すべきときなのです。

ただ、どんな選択をしようとも、その決定に対する責任はあなたにあります。たとえその決定が自分から進んで下したものでなく、**従うしかなくてやむをえず下したものであってもです。**

ドラマ『タルジャの春』でホームショッピングの商品企画担当であるタルジャは、同じ職場で働く既婚男性オム・キジュンと、不倫をしていないのにそれが理由で解雇されそうになります。

人々は、懲戒委員会の決定に関係なく、肩身が狭くなったタルジャが辞めるだろうと思っていいます。オム・キジュンの妻だった女性が屋上で自殺騒動を起こしたせいで、オム・キジュンとタルジャの関係を知らない人はいないからです。

しかし、タルジャの立場からすると彼女が悔しいのは当たり前です。タルジャはオム・キジュンが既婚男性であることを知らなかったのです。そのうえ、一、二度会っただけなので、不倫なんて言われる筋合いがありません。

でもタルジャは弁明しません。最初に、結婚していないことを焦って、ホームショッピング会社の代表という条件に惹かれオム・キジュンに会わなかったら、こんな大ごとにならなかったはずです。そこで、タルジャは、こんな結果に至ったのには明らかに自分にも責任があると受け入れるのです。

しかし、タルジャは会社を辞められませんでした。いままで8年にわたり会社のために注ぎ込んだ労力と情熱を、いきなりあきらめるわけにはいかなかったのです。心の声に従って、恥を忍んででも会社に残りたいと考えるようになった彼女は、すべての責任を負うのでどうか解雇だけはしないでくれと、懲戒委員会に懇願します。

タルジャは自己決定にともなうあらゆる責任を負います。

人々の嘲笑も気丈に耐え抜き、うまくいっていた商品企画担当から顧客相談室に左遷されますが、**その現実をたくましく受け入れながら、新たな人生を勇敢に切り開いていきます**。後にタルジャは商品企画担当に復帰し、すばらしい人生を生きることになります。

タルジャは後悔しないために心の声に耳を傾け、その声に従って決めたベストな選択を信じ、たくましく進んでいきました。

あなたもタルジャのようにすれば大丈夫です。

職場に家族関係を求めない

また赤信号。もう何度目でしょう。ある程度は混むと予想していたものの、信号のたびに停車するとさすがに苛立ちはじめます。チェ代理はタバコを口にくわえながら考え込みます。

会社に愛想が尽きたのはもうずっと前です。仕事は嫌だし、職場の人たちのことも気に入りません。期待に胸膨らませて入社してから5年。家族的な雰囲気に惹かれて選んだ会社です。入社したばかりのころは、いちばん年下の社員として上の人たちの期待を一身に受けたものです。うれしくて一生懸命に働いたおかげで、入社同期に比べてずっと早く昇進しました。

ところが、ポジションが上り、後輩社員たちが入社してくると慌てます。説明もなしに、さほど詳しくもない仕事が数え切れないほど投げられてきて、以前だったら見逃してくれたはずの些細なミスも許してもらえなくなります。つまり手加減してもらえなくなったのです。

部下たちも、新入社員だったころの自分とは違います。大胆ですが、決して損をしないように行動するので、まったく情が湧きません。

しかし、チェ代理をいちばんがっかりさせたのは、数か月前におこなわれたリストラでした。同じ釜の飯を食べた先輩たちが容赦なくクビになるのを見て、会社に愛想が尽きたのです。

「以前はあんなに『わたしたちはひとつの家族だ』と叫んでいたのに、会社の経営がちょっと苦しくなったからって社員を切るなんて！」

職場と家族の原理は似ているので、人間関係が近くなりやすい

家族は血縁関係で結ばれており、なにがあっても互いに支援者です。どんなに家族仲が悪くても、難しい問題が生じればひとりふたりと集まり助け合い、黙って抱き合うのです。

しかし、職場で出会った人たちは家族ではありません。仕事で結ばれたひとつの共同体で出会った人たちにすぎません。

それなのに家庭と職場を混同する人が多くいます。契約関係で結ばれた職場で、家族の

ような人間関係を期待する人たちです。

上司を父親や兄のように考え、どんなことがあっても守ってくれるだろうと信じるケース、同じチームの先輩・後輩が兄弟姉妹のように面倒をみてくれるだろうと信じているケース、プライベートな事柄まで共有すべきだと信じているケース、個人的な事情をすべての人に理解してほしいと思うケースなどがこれにあたります。

人はなぜそんな錯覚をするのでしょうか？

それは、職場の原理が家族の原理に似ている点が多いからです。

家庭が生活の基盤となる居住地だとすると、職場は社会的な居住地です。そこには職場の責任を担い、組織を率いる父親代わりの社長がいて、中間には緩衝役を務める母親代わりの上司がいて、競争し合いながらも同じ悩みを分かち合う兄弟姉妹代わりの先輩・後輩や同僚たちがいます。

さらに、人は人生の3分の1程度を職場で過ごします。また、家庭の場合によっては、家よりも職場で過ごす時間のほうが長いこともあります。家庭がその人のバックグラウンドになるように、**職場もその人のアイデンティティを表すバッ**

クグラウンドになります。そのため、職場は家族のような心理的象徴性を帯びます。

韓国には国家や個人よりも家族を優先する儒教的な風土がずっとありました。家族は血縁でがっちりとまとまり、外部の人たちには排他的です。その代わりに家族のためならばすべてが許されます。

こうした排他的な家族構造のなかにいないと不安なのか、韓国人たちはあらゆる関係を家族に例える傾向があります。*「われらは他人か?」の乾杯のあいさつで始まる酒場での文化は、すぐに兄さん・姉さんと弟・妹の関係に発展します。飲食店に行けば、たいてい従業員のことを「お姉さん」と呼び、年配の店主のことは「(母の姉妹である)伯母/叔母さん」と呼び、親類縁者のような関係をやたらに結びます。

職場もまた例外ではありません。飲み会をひんぱんにおこなう韓国の会食文化にも、こうした傾向は端的に現れています。

人々は朝から晩まで会社で顔を合わすのに、それでも足りずに1週間に2、3度は会食をします。会食文化とは、日中は競い合い、損益を計算していた契約関係を取り消して、**雰囲気を家族関係に変える役割を果たします。**

そのため、会食の場で肌と肌を触れ合わせてプライベートな話をし、兄貴と弟、お姉さんと妹の関係になるのです。

*訳注/慶尚道の方言で「われらは他人か? いや、そうでない身内だ」の意

職場は「契約関係」だと認識しておかないと、つらい挫折の場所になってしまう

しかし、だからと言って会社で家族関係を望んではいけません。**職場で結ばれるあらゆる関係は、仕事を介して出会った契約関係です。**

同僚や先輩・後輩とのあいだがいくらいいと言っても、結局は互いに比較し、比較され、評価し、評価される関係にすぎません。家族よりも親しい人ができるかもしれませんが、**それは個人が作り出した関係のおかげであって、職場での人間関係の本質ではありません。**

そうした事実を認めることができなければ、前述のチェ代理のように職場が新たな挫折の空間となってしまいます。

幼いときにチェ代理は、両親が自分のことを愛し、認めてくれるよう望んだのですが、両親は妹ばかり可愛がりました。見捨てられたと思っていたチェ代理にとって、幼少時は

悲惨なだけでした。

ところが会社で彼の下に新入社員が入ってくると、幼少時の傷がまた痛みはじめました。会社の人たちは彼よりも新入社員のほうに大きな関心を寄せ、彼はふたたび見捨てられたように感じて怒りました。上司には裏切られたような思いを抱き、新入社員に対しては気難しく接したため、不必要に摩擦を引き起こしました。

依存性が満たされなければ、それによって怒りが積み重なり、外部に投影されるようになります。

チェ代理のように、**他人が自分を憎んで搾取するのだという被害意識にとらわれると、深刻な問題になることがあります。**そして職場に適応できない人たちの相当数が、実はこうした問題で悩んでいます。

職場ですることは、相手を尊重するというシンプルなこと

もしあなたがこうした問題を抱えているならば認めなければいけません。

職場で家族のような関係を望んではいけないことを、職場は責任を負える大人が仕事を介して出会い、ある仕事をともに進めていく公的な空間であることを、その空間でそれぞれの役割を果たしながら給料をもらい、気の合う人とつきあい、仕事を通して自己実現をしていくのだということを……。

また、**会社もわたしを利用しますが、わたしもまた生存と発展のためにその空間を利用しているのを認めなければいけません。**

このように職場での人間関係の限界をはっきりと認めてから、最大の幸福を引き出すことが大切です。

ところが、ときおり愚かな人たちがいます。

彼らは自分が得られる利益を最大限引き出すと、容赦なく関係を絶ってしまいます。ぱっと見には、その人は抜け目なく賢く見えるかもしれませんが、実際はそうではありません。

われわれの社会は驚くほど狭いのです。わたしにとっては知らない人ですが、彼がどんな人か気になるのなら、知人の知人、あるいはさらにその知人に訊けば十分に情報が得られます。

ですから、刃物で背中を刺した人が、次の職場で出会う直属の上司の友人かもしれませんし、結婚する女性の従兄かもしれません。**度を越して利己的なことをした人たちは、最後には後悔する日が来るものなのです。**

一方で、職場は人生で活動的な時期を送る場所であるだけに、多くの意味を持ちます。職場はキャリアの一部として永遠に残るだけでなく、**人生の大切な時間を投じる器でもあるのです。**

そのような職場でよい人間関係を結ぶのに特別な方法はありません。尊重してほしい分だけ相手のことを尊重し、任された仕事に対する責任を果たし、自分の言動がほかの人を傷つけないように気を遣い、互いのプライバシーを尊重すればよいのです。

Chapter

04

愛は人間としての成熟を連れてくる

相手へ要求し続ける人たちの背景

「ある人のことを好きになっても、その人がわたしのことを好きになりはじめると、突然その人のことが嫌いになります。これも病気でしょうか、先生？　ひどいときは、その人が近づいてくると気持ち悪いって思っちゃうこともあるんです。それだから、ちゃんとつきあえず、結局はふられてしまいます。なんでこんなふうなのかわかりません」

職業柄か、通りすがりの人たちからこのような話をたくさん聞きます。

明らかにその人のことを好きだったのに、**その人から好きだと言われると、不思議と嫌いになってしまう理由はなんでしょうか？**

その人のことが本当に好きではなかったのでしょうか？

人の心はなぜこんなにずるいのでしょうか？

こうした心変わりにはさまざまな心理現象が見られます。そのなかでも重要なのが、拒絶されることへの恐怖心です。

「わたしのことが嫌になって、捨てられたらどうしよう？」

捨てられるという悲惨で恐ろしい状況を防ぐ簡単な方法は、捨てられる前に相手を捨てることです。捨てられるかもしれないという恐れの背後には、自分は愛される価値がないという自己卑下と劣等感、罪悪感などが潜んでいます。

それは、自分は捨てられて当然な人間なのだという当為性へとつながり、最後にはすべての人から愛されず、捨てられることになるだろうという自虐的な確信になります。

このような恐怖心は、人と持続的で深い愛情関係を持つのに大きな障害となります。そのため拒絶されるのを怖がる人たちは、好きな人に近づけずにずっと片思いであったり、相手をテストしつづけたりすることがあります。

彼らはまず、「わたしのためなら、このぐらいもできないの?」と、相手を責めはじめます。**要求はだんだんと相手が我慢できないほどにエスカレートしていきますが、問題は相手が要求を受け入れてもテストが終わらないところにあります。**相手を不当に扱って、はたして自分のことを捨てるかどうか、絶えず試すのです。「これでもわたしのことを愛してる?」とでも言わんばかりの顔で。

このころになると相手は、疲れ果てて離れていくしかなくなるのに、彼らは誤った確信を再度確認するのです。

「ほらね、そうだと思った。結局みんなわたしを捨てるんだ」

おつきあいする相手をすぐ変える人たち

拒絶されることに恐怖心を抱く人のもうひとつのパターンに、相手を替えつづけて表面的な関係だけを結ぶ人たちがいます。

その代表的な人物がカサノバです。彼はとくに財力も名誉も権力もない、名もなき貴族に過ぎませんでしたが、数多くの女性との恋愛で世間を騒がせた世紀のプレーボーイです。しかし、彼の派手な恋愛遍歴の背後には、捨てられることに対する恐怖心が隠れています。

カサノバの母親は若い男と浮気をし、息子を捨てて家を出て行ってしまいます。彼は祖父とふたりきりで暮らしていましたが、その後は居場所を転々とし、知人を頼りながら寄る辺なく育ちました。カサノバは自分の不遇な環境については不満でしたが、女性にはつねに優しく接します。幼いころに自分を捨てた母親への恋しさが、女性に対する情熱的な愛情として現れたのです。

しかし、母親から捨てられたように、彼女たちからも捨てられるかもしれないという恐怖心から、彼はひとりの女性と持続的な関係を持てなくなります。そこで彼は、捨てられる前にその女性から離れて別の女性へと行くことを繰り返しました。そうやって百人以上の女性と恋愛をしたカサノバは、はたして幸せだったのでしょうか？ 彼の派手な名声の背後に霧のように立ち込めるさびしさが感じられるのは、わたしだけの錯覚でしょうか？

美しくお金がある女性も、卓越した能力があり経済力がある男性も、だれかに拒絶されることがあります。ところが、彼らがカサノバのような人と違うのは、拒絶されたからといって自分は愛される価値がないとは考えない点です。たんに縁がなかったか、タイミングが合わなかっただけだと考え、次の機会を待つのです。愛はいつかふたたび訪れるはずだから。そうやって愛する人に出会えば、彼らはまた全力で愛します。

人は心変わりするものだとわかっていますが、それが怖くて委縮することはありません。

成人期初期のおもな課題のひとつは、結婚であり親になることです。**ひとりの人を愛し結婚して家庭を築くには、拒絶されることに対する恐怖心を必ず克服しなければなりません。**

あらゆることには危険がともないます。危険がないことなどどこにもありません。

しかし、危険を甘んじて受け入れて、それを最小化していくことが、愛と向き合うわたしたちの姿勢であり、役目です。

相手の過去を知れば、大抵よくない気分になる

愛を交わす方法には、わたしたちの性生活の歴史が余すところなく反映している。キスは、過去のキスの総まとめだし、寝室でおこなう行為には、過去の寝室の痕跡があふれている。アリスとエリックが愛を交わすとき、ふたりの性生活の歴史が出会うのだ。いまエリックはクリスティーナがしていたやり方でアリスの耳を舐め、アリスはロバートから学んだ方法で唇のまわりに舌をやさしく這わせ、レベッカは舌で歯を愛撫してから口のなかに奥深く差し込み、見えない部分を舐める方法をエリックに教えてあげた。ハンスは鼻にキスをするのが上手だったが、エリスがエリックに試してみると好みではないみたいだった……彼らの身振りには歩んできた過去の証拠が潜んでいる。

——アラン・ド・ボトン『われわれは愛だろうか』（未邦訳）から

愛したことがある人ならわかります。このように必ずしも寝室に限らず、過去の恋愛が現在の恋愛に多くの影響を及ぼすということを。

そのためでしょうか、過去の恋愛はその時点で終わっていますが、しばしば次のようなかたちで現在に現われます。


「初恋はいつだった？」

「初恋？　これが初恋だってば」

「僕に理解がないと思って、嘘をついているんだろ？　そんなに心の狭い人間にみえるのかい？　がっかりだな……」

「……実は大学1年のとき……」

「長く付き合ったの？」

「まあ、そうね。卒業式の写真にも写っているから」

ここで一瞬、静寂が流れたはずです。相手は気にもしていないかのように正面を向いていましたが、あなたが目ざといタイプならば、相手の表情に微妙な変化があったのがわかったはずです。

微妙でしたが、そのとおりです。相手は明らかに顔が一瞬歪みました。

恋人たちは相手の過去を知りたがります。

まるで子どもが母親から家族の長い歴史を聞きながら、最後に自分の誕生にまでたどり着くのを聞き、自己の存在に対して確信を得るように、**恋人たちは相手がたどってきた過去を聞いて、この旅程の目的地が自身であることを確信したがるのです。**（わたしのところに来るまで、そんな歴史があったとは。生まれてきてくれてありがとう。いままで大変だったと思うけど、こんなに健康ですてきな姿で来てくれて本当にありがとう）というわけです。

一方で、相手を愛するようになると、過去にどんな過ちを犯していても批判せずに受け入れたくなります。

そのため恋人たちは互いが互いを癒すようになります。そうなると、過去に拒絶されて傷つき、怒ったインナーチャイルドがふたたび成長し始めます。そのため、**恋人たちが互いに現在までの歴史を語るのは、大変重要な意味があります。**

しかし、ここでひとつだけ問題があります。

過去に愛していた恋人のことを相手に話すこと。なぜかこれだけは我慢ならないのです。過去に相手が愛した人とその時間に嫉妬し、絶えずそのときの恋愛と現在の恋愛を比べるようになります。

（昔の恋人とはなんで別れたんだろう？）

（まさかいまもその人のことを忘れられないのでは？）

（その人にどれほど優しくしてあげたんだろう？　わたしよりも、もっと優しくしてあげたのでは？）

（ふたりの関係はどこまでだったんだろう？）

など、一度浮かんだ考えがどんどん膨らんでいきます。

そのうちに余計な想像力まで動員して、ひとりで勝手にストーリーをつくっては消すのを繰り返します。**相手の過去も所有したい、相手の人生で唯一の人間になりたいという気持ちが、人をそんなふうにしてしまうのです。**

そのため、愛しあうふたりに隠しごとがあってはいけないと、新婚初夜に過去を洗いざらい告白すると、それが原因で喧嘩になり離婚するという笑えない話も起こります。

その人が愛するのは、現在の「わたし」

実際に、大人になれば恋愛経験のひとつやふたつはあるはずです。

その年齢まで恋愛をしたことがないのであれば、それは純粋なのではなく愛する能力に問題があるのです。

それでは、恋人同士で隠しごとがあってはならないと言いますが、過去の恋愛も話さないといけないのでしょうか？

過去を話さないのは、相手の信頼を失う行動なのでしょうか？

話さなければいけない場合、どこまで話すべきでしょうか？

はっきり言いますが、知らずにすむほうがよいこともあります。**つまり過去の恋愛話はあえて話す必要もなく、知ろうとしてもいけません。**

なぜならば、**その人が愛するわたしというのは、過去のわたしではなく現在のわたしであり、わたしが愛するその人もまた、過去のその人ではなく現在のその人だからです。**

数年前、相談スタッフを集めて愛について講義をしたときのことです。当時『愛情の条件』というドラマが最高視聴率を記録していたので、ドラマの話が出ないわけがありません。

『愛情の条件』の登場人物であるウンパは大学時代に同棲していた男性と別れて、現在の夫と結婚します。ところがある日、昔のことを知った夫は裏切られたという思いに歯ぎしりします。

これについて相談スタッフたちの意見はさまざまでしたが、もっとも多くの人が同意した意見はこうです。ウンパは過去の同棲の事実に対して、夫に許しを求めるべきで、夫は彼女を許すべきだ。

しかし、わたしの意見は違います。

なぜ夫がウンパの過去の同棲を「許す」権利を持つのでしょうか。それは許しの対象にはなりません。なぜなら、夫に出会うずっと前の出来事で、夫とはなんの関係もないからです。そもそも許すも許さないもありません。

ウンパの過去の経験が、今日のウンパを作る土台になったのではないでしょうか。数多くの試行錯誤と経験を通して、夫が現在愛するウンパになったのです。

もしあなたがすでに恋人の過去を知っているのなら、そして、それによって苦しんでいるのなら、この言葉を繰り返し考えてみるよう望みます。

過去から現在を守らなければいけない

愛も学んでいくものです。

経験を通してわたしたちは愛し方を学び、無分別な欲望から相手を守り、愛を守る方法を学ぶのです。

だからと言って、恋愛をすればするほどよいということではありません。恋愛経験が多すぎても、かえって過去の恋愛から学ぶことができず、**同じようなことを繰り返しているのがそれとなくわかるので、注意して相手を見なければいけません。**

過去の経験は、現在の自分をつくる下地になります。まったく同じ経験ばかり繰り返さなければですが。

ですから、あなたが過去の記憶から自由になったのであれば、これからはその記憶がいまの人生に悪影響を与えないように、**過去から現在を守らなければなりません。**無理に過去の恋愛史を子細に恋人に話す必要はありません。

「ときには知らないほうがいいのです」

これは精神分析をするときにも当てはまる原理です。

プライベートな場で会う人たちは、わたしが夫や子どもたちの気持ちがすべてわかるのでうらやましいと言ってきます。しかし、もしわたしが帰宅するや夫の言動に対して「その背後にはこういう意図があるはず」などと分析しはじめたら、お互い疲れて生活できないでしょう。友人たちに会うのも同じです。

ですからわたしは退勤時に、「精神科の医師」というガウンを病院に置いてきます。ほかの人のようにつまらないことで必死に喧嘩することもあるし、ときには幼稚な行動をすることもあります。

相手のすべてを知ることは、必ずしも幸せなことではありません。また、そういうわけにもいかないのです。ある歌の歌詞にも、「きみが僕を知らないのに、僕がきみのことを知ることができるだろうか」というものがあります。

生きるということはしょせん、きわめて少しずつわたしを知っていき、相手を知っていく過程です。**しかし、生涯をともに暮らしても相手のすべてを知ることはできません。**わたしたちにできるのは、お互いが知ることとなった互いの傷を抱擁しあい、癒していくことだけです。

もしあなたが相手のことをすべて知りたいと過去を掘り返すなら、**それは過去まで所有**

したがっていて、嫉妬している証拠です。また、その人の過去に嫉妬するくらいに自信がない証拠でもあります。

わたしたちの人生は、いまを愛するのにも足りないくらい短いのです。そして、過去にしがみついて引きずったり、過去を現在に引き寄せたりするのは、現在まで悪夢へと変えてしまうだけです。墓場までひとりで持っていくべき秘密は必ずあるのです。

「わたしのこと好き？」と確認する真意って何？

その夜、ぼくは恋におちた。（中略）ぼくの思考の中でまだ名前を持たないあの女性が、その午後ぼくを甘やかしてくれたので（中略）自分が力に満ちあふれ、人にまさっている気がした。そして、同級生や教師たちの前に、この力と優越性を持って出ていきたい、と思ったのだ。（中略）ときには、揚げ足取りばかりする兄や生意気な妹が、もっと違う性格だったらよかったのにとも思った。しかしその晩、ぼくは突然、家族のみんながいとしくてたまらなかった。

――ベルンハルト・シュリンク『朗読者』（松永美穂訳、新潮社、２０００年）

愛を初めて確認しあった瞬間を覚えていますか？　この「彼」のように、突然美しく見えるまわりの世界、この世のすべてを手に入れたようにうれしく、幸せに満ちあふれ、憎い相手さえも許すことができそうなその瞬間。

「その日おじいちゃんの遺体安置所で、僕は悪い人間だった。君のことばかり考えていたんだ。おじいちゃんの前で、君に会いたいってずっと考えていた。抜け出して君に会いに行きたかったけど、しっかりしろ、と我慢していたんだ……そんなとき、突然君がドアの前に立っていたんだから、おかしくなりそうだった。まるで愛がすべてみたいじゃないか」

——イ・ドウ『私書箱110号の郵便箱』（未邦訳）

この内容も、恋に落ちた経験が一度でもあなたにあれば、気持ちがなんとなくわかるはずです。恋に落ちたとき、あなたはおそらくほかのことが目に入らず、思いを寄せる人のことばかり考えていたはずです。

いますぐ会いたくて胸がどきどきしていたことでしょう。熱に浮かされたように相手の元に駆けつけ、いざ顔を見るとなにも言えなくなったはずです。顔を見ているだけでとても幸せで……。

初恋の相手と過ごした時間は、生涯にわたって忘れることができません。満ち足りた思いで胸がいっぱいになり、少し離れただけでも会いたくてしかたないほどもどかしくなり、その人なしでは生きていけないと思い詰め、考えるだけでも胸が震えるようにときめき、一緒に過ごす時間のなかで感じる一体感、それでもなお言葉では表現できない喜びの時間……。

しかし、時が経つにつれて、あれほど情熱的で夢のようだった愛情が鈍くなっていきます。**情熱の代わりに慣れや気楽さが感じられるころ、なんとなく不安になります。**恋人も、以前はわたしにしか関心がなかったはずなのに、最近は仕事や友人など、ほかのことも気にしています。ときどきひとりで過ごしたがる彼を見ると、心臓がびくっとします。そこでこう問いかけます。

「わたしのこと本当に愛しているの?」

愛していると言ってくれればよいのに、彼はむしろ食ってかかってきます。

脳科学者たちも恋愛も科学作用のひとつにすぎない、と恋愛に対する幻想を無残に打ち砕きます。

脳科学者によると、恋愛感情を調節する器官は脳の辺縁系ですが、ここで恋愛の段階ごとにドーパミンやフェニルエチルアミン、オキシトシン、エンドルフィンなどの神経伝達物質が分泌されます。ところが交際期間が18か月から30か月になると抗体ができ、恋愛関連の化学物質がもはや生成されなくなってしまうため、感情が冷めていくのはきわめて当たり前の現象だというのです。

それならば胸ときめく恋愛感情を持続させられないのでしょうか？

『髪結いの亭主』という映画はふたりの熱い愛を永遠につなぎとめる方法を示しています。映画のなかで、恋に落ちた女性は愛を交わすもっとも幸せな瞬間に、外に飛び出し川に身を投じます。彼女は情熱が冷めていくのを防ぐ方法がないのを知っていたから、死を選ぶしかなかったのです。

しかし愛が単なる脳の化学作用に過ぎないからと言って、悪く言うのはよくありません。化学物質が脳から分泌されるのも、相手がだれでもいいわけではないのですから。

つまり、わたしが愛する唯一の人、その人を見ないと分泌されないのです。**その人を愛しているから神経伝達物質が分泌されるのであって、**神経伝達物質が分泌されるからその人を愛するわけではありません。

愛は「冷たい世界に存在する避難所」

そして、少しでも愛が冷めるのが耐えられない、せっかちな現代人たちに知られていない愛の特性があります。

残念ながら、愛は心変わりすることです。

なぜならば、愛は過程だからです。**情熱的に恋に「落ちる」段階から始まり、恋愛を「する」段階を経て、愛に「とどまる」段階に至る、旅のようなものです。**

ですので、情熱が冷めたからと言って、愛が終わったわけではありません。そういうときに「あなたは変わった。もうわたしのことなんか愛していないんでしょ」と、うっかり決めつけるのは賢い行動ではありません。

50歳くらいになると、少しだけわかってくることがあります。

そのうちのひとつが、**恋に落ちるのは簡単だけど、愛しつづけるのは本当に簡単ではないということです。**「愛にとどまる段階」とは、現実のなかで互いの人生を分かち合い、ぬくもりと穏やかさのなかで生きることです。

また、幸せで、安らぎのなかで互いの存在に感謝することです。

愛にとどまるというのは、男女がたどりつけるもっとも意味のある愛のかたちであり、ラッシュ教授は**これを「冷たい世間に存在する避難所」と表現しました。**

愛にとどまるには相手を理解し、あるがまま受け入れ、それまで以上に深い愛情で関係を保っていかなければなりません。

これをおこなおうとしたら、**他人の前で喜んで自分をさらすことができ、ひとりでいることのさびしさにも耐えられなければなりません。**

ところが、世の中は愛を見守るどころか、「これでもお前たちは愛し合えるか？」と愛を試しつづけるのです。

愛をゆるがす数多くの誘惑があらゆるところに潜んでいます。そのうえ、すべての動物は（人間を含めて）多くの相手と愛し合うようデザインされています。種族の繁殖のための進化論的観点から言えば、そのことは明らかです。

そのため、愛の歴史は不倫の歴史でもあります。

雄雌の仲が睦まじいガチョウや白鳥も実は浮気者で、シジュウカラの場合、雛の約40パーセントが不倫によって生まれているというのですから、彼の愛やわたしの愛が変わらないなんて、だれも断言できません。

さらに、最近は結婚した3組のカップルのうち1組が離婚しますよね。ですから、生涯でひとりだけを愛するのは決して簡単なことではありません。

こうした現実のなかで細くなっていく愛の絆をつかんでいる人たちは、互いの愛を絶えず確認したがります。

しかし、モーツァルトのオペラ『コジ・ファン・トゥッテ』は、やたらに愛を確認しようとするなと警告します。

若い士官グリエルモとフェルランドは、愛に心変わりはないと考えます。ある日、ふたりは賭けをします。恋人たちが甘い誘惑にゆらぐことなく貞操を守れるかどうか試そうと言うのです。

ふたりはそれぞれ別人の姿に変装して互いの恋人に近づき、その心を奪うのに成功します。元々は自分たちも、恋人たちも誘惑に心がゆらいではいけないのですが、結果的にそれぞれ恋人が入れ替わった状況になってしまいます。

愛を確認してはいけない

グリエルモとフェルランドは大切なことをひとつ忘れています。**愛とは確認するものではなく、確信するものだということを。**

やたらに確かめようとするとむだな疑いばかり生じて、グリエルモとフェルランドのように絶対にしてはいけない悪戯《いたずら》までするようになります。

ですから、愛をもてあそばないようにしてください！

相手の気持ちを信じているものの、なぜか確かめたくなる気持ち、確かめることで不安をなくしたい心情はわからないこともないのですが、そういう気持ちになればなるほど気をつけなければいけません。

相手の態度が少しでも期待どおりでないと「愛が冷めた」とすねるのは愛嬌だとしても、疲れ果てている相手に「愛しているって言いながら、こんなこともしてくれないの？」と責めたり、目を丸くして「わたしのこと本当に愛しているの？　愛しているなら、愛してるって言ってよ！」と頭ごなしに言ったりするのは間違っています。**そういう行動には、**

恋愛をみずから大切にしようという意思が決定的に欠けています。

「冷たい世間に存在する避難所」をつくりたければ、情熱が失せるのを不安がってしきりに愛を確かめる癖から直しましょう。

そして、彼があなたのことを本当に愛しているのか確かめる前に、あなた自身に聞いてみましょう。

「本当に彼を愛しているのだろうか？」と。もしかしたら、あなたの揺れる心を相手に投影して不安がっていないか、よく考えてみましょう。

なぜ人は嫉妬せずにいられないのでしょうか？

愛していると、つねについて回るものがあります。それがまさに嫉妬です。ですから、アウグスティヌスは「嫉妬しない者に、恋愛はできない」と言ったのです。

嫉妬は愛に火をつけることはありますが、シェイクスピアの『オセロ』のように、愛する人とまわりの人たちを焼き尽くしてしまう危険な情熱になることもあります。

ヴェネツィア共和国の元老ブラバンショーの娘、デスデモーナは黒人の将軍オセロを愛しています。そのため父の反対を押し切って彼と結婚します。

しばらくして、オセロはトルコ艦隊がキプロス島に攻め込んでいるという報告を受け、妻とともに現地に向かいます。オセロの騎手であるイアーゴーは副官の地位をキャシオに奪われると、それを恨んで、オセロへの復讐を決心します。

イアーゴーはキプロス島に着くと、わざとキャシオに酒を飲ませ、騒動を起こさせます。それによりキャシオはイアーゴーの思惑どおり罷免されてしまいます。

イアーゴーは、デスデモーナに頼み込めば復職できるはずだと、キャシオをそそのかします。それから、オセロにそれとなくデスデモーナとキャシオのあいだがふつうじゃないと伝えます。

その証拠としてオセロが妻にあげた大切なハンカチを盗み、キャシオの部屋に落としておきます。愚かにもイアーゴーの言葉を信じたオセロは、妻とキャシオが本当に密通したと考え、妻を殺してしまいます。とても残忍な方法で。

シェイクスピアはこの作品で嫉妬を「人の肉を食う緑の目の怪物」と描写し、「深く愛しているのに疑いは消えず、疑いながらも強く愛する」という名言を残しました。

オセロは結局、嫉妬のせいで判断力を失い、愛する妻、デスデモーナを殺してしまうのですが、それは自己の男性的劣等感を刺激した妻に対する怒りとともに、所有できないのであればだれにも渡さないという、すさまじい独占欲が表れたものです。

そのため嫉妬で判断力を失っている症状を「オセロ症候群」とも呼びます。

ひどい嫉妬をする人の背後には何があるか

進化論者たちは嫉妬を進化の産物だと考えます。

男性は、パートナーの女性がほかの男性と関係を持ち、その子どもを育てることになるかもしれないという不安を抱いています。一方で女性は、子どもを育てるのに必要な財産がほかの女性に奪われるかもしれないという不安を抱きます。これこそが嫉妬を生む原動力になるのです。

とにかく、**愛する人がほかの人を愛するかもしれないという思いはかなりの恐怖です。**

穏やかな愛を破壊し、長いこと夢見ていた人生の方向が一瞬にして狂ってしまうかもしれない、自分の生き方を脅かす危険なものになりかねないからです。ですから、恋に落ちた恋人たちは絶えず相手のことを探るのです。相手がほかで恋愛している兆候がないか、いつもセンサーを立て、ちょっとした変化にすぐ気がつきます。

嫉妬がひどくて、交際相手がほかの異性と話をしたり、目を合わせたりすることすら我慢ならない人たちがいます。こういう人たちは相手の一挙手一投足を把握しないと気がすまないので、相手を監視し、万が一、浮気の気配でもつかんだら暴力的になることすらあります。

しかし病的な嫉妬は、不倫をしたいという欲望を実は相手に投影しており、相手が浮気をしていないのに、浮気をしていると信じるケースが多いのです。たとえば、ほかの男性に対して強い性的欲望を感じる妻が、その感情を夫に投影し、夫が浮気をしていると信じ込むオセロ症候群がこれにあたります。

一方で病的な嫉妬は、ひどい劣等感を持った人たちが、相手が自分より優れた人のところに行ってしまうかもしれないと思う不安から起きることがあります。

なぜオセロはあっさりとずるがしこいイアーゴーの言葉に騙されてしまったのでしょうか？　なぜオセロは愛する妻、デスデモーナを信じられないのに、イアーゴーを信じたのでしょうか？

オセロは黒人であることに劣等感を持っていました。そのため、美しいデスデモーナが黒人の自分を本当に愛しているのか、つねに不安だったのです。

そんなオセロはイアーゴーの術策にかかり、劣等感を爆発させてしまいます。それでなくても不安定なプライドを踏みつけられたオセロに残っているのは、嫉妬と復讐の感情だけでした。

もし、相手に「わたしだけを見て」と要求しているのなら、いつ彼の気持ちが変わるか不安で戦々恐々としているのなら、湧き上がる嫉妬心を抑えることができないのであれば、一度考えてみましょう。

もしかして自信がなさすぎるのではないか、相手は自分にがっかりして去ってしまうかもしれないと、本当は不安で苦しんでいるのではないか……。

わたしはあなたがオセロ症候群に陥って苦しむことがないように心から願います。愛すれば嫉妬をして当然ですが、だからと言って、嫉妬が嫌だから恋愛をしない、というわけにはいきませんよね。あんなにもすてきな恋愛を……。

理想だけを待ちつづける人が犯す過ち

「お母さん、ご飯ちょうだい」

午後遅く、お見合いに行った娘が夕食も食べずに帰ってくると、ヨンウンさんのお母さんは呆れました。

「えっ、夕食も食べずに別れてきたの？」

「お母さん！　今回、心に決めたことがあるんだけど、次からお母さんが持ってくる話には絶対行かない」

「今度はまたどうしたの？　あれだけの人はほかにいないでしょ？」

「ほかの家のお母さんたちは、自分の娘が最高だと思っているのに、お母さんはわたしのことをなんだと思っているの？」

ヨンウンさんの理想形は、背が高く、専門職についていて、ユーモアのある男性です。

それなのに、友だちの紹介のブラインドデートやお見合いに行くと、そんな男性が表れるどころか、来るのは必ずおじさんみたいな見た目に、ろくに会話もできない男性ばかりなのです。

今日も例外ではありませんでした。そこでヨンウンさんは、非難されない程度の時間が経ってから席を立って、帰ってきたのです。それでも、この世のどこかには自分が望む理想の人がかならずいるはずだと思いながら。

ヨンウンさんは、いままで数多くの男性に会いました。しかし、この男性だろうかと思って何度か会うと、短所が目につくのでした。

ヨンウンさんはだんだんと焦りはじめました。

そして、自分が嫌がっていた欠点だらけの男性たちが、魅力的な女性と結婚して幸せに暮らすのを見ると、なんとなく癪《しゃく》に障ります。あんな男のどこがよくて……。しかし、もはや見合いをしてもブラインドデートに行っても、以前にもましておじさんっぽい男性しか現れないのが、ヨンウンさんの現実です。

「守ってあげたい女性」が好きな男性は、実はだれかに支えてもらいたい

だれしも、理想のタイプがあります。理想の人に出会い、情熱的な恋に落ち、幸せな結婚をする夢。考えただけでも胸がときめくに違いありません。

ところが、精神分析からいうと、理想のタイプとは**自分の心のなかに存在するある面を投影している可能性が高いのです。**

たとえば、**「守ってあげたい女性」が理想の男性は、実際はだれかに支えてもらい、守られたいのです。**

ある人たちは、自分が持つことができなかったものをすでに持っている人に惹かれます。自分が持てなかったので、それゆえ無意識に渇望しています。

こういう人たちは、理想のタイプとの恋愛を通して、自分に足りない部分を埋めようとする自己愛的な試みを繰り返すことになります。

ユンジョンさんは父親のいない家庭で育った30代女性です。幼いときに父親の不倫で両

親が離婚し、父親には小学校のときに何度か会っただけです。
そんなある日、父親が別の女性と結婚して、子どもまでもうけたという話を聞き、人生から父親を消し去りました。彼女に残ったのは生活苦に疲れていく母の癇癪だけです。母親はなにかというとユンジョンさんを相手に愚痴をこぼし、八つ当たりしました。**そのたびに彼女は、この不幸な状況から救ってくれる王子様が現れると、心に想い描きながら乗り越えてきました。**

ユンジョンさんの理想のタイプは、どんな状況でもひたすら彼女を守ってくれる男性です。

ところが、これは彼女自身も知らないあいだに無意識でおこなってきた父親の理想化でした。**彼女が望むことをすべて聞いてくれる懐の深い父親を望んでいた彼女の渇望が、理想のタイプとして投影されたのです。**

しかし、一方で彼女の心には父親への根深い不信と恨みがあります。そして、それは彼女がいつになっても男性と親しくなれない障壁として作用しました。

結局、父親に対する理想化と憎しみという正反対の感情のせいで、やたらに理想のタイプに執着しながらも、男性に会うたびにまず短所を見つけることで親しくなるのを避けていたのです。

わたしが完璧ではないように、相手も完璧ではないことを知る

愛は相手を理想化することから始まります。

自分が望む特性や理想を持った彼は、この世でいちばんすてきな人に違いありません。彼にとってわたしが唯一の人になるのなら、どれほどうれしいでしょうか。

そんな欲望は、理想化を強め、他人が「あばたもえくぼ」とからかう状態になります。**しかし残念なことに、実際に何度か会うと、彼は自分が望む特性をまったく持っていなかったり、ちょっとしか持ち合わせていなかったりします。**すべての人がこうしたプロセスを例外なく体験します。

これは、理想化が反対に少しずつ現実に近づいてくるプロセスとも言えます。通常はこの流れで、たとえ自分が考えていたほど相手が理想的ではなくても、感謝し、思いやり、彼をより深く愛するようになります。

わたしたちが初恋を体験し、何人かデートをしてからでないと本当に愛する人に出会え

ないのも、理想や愛の幻想を引き剝がし、実体を目にするプロセスだと言えます。

何人かと出会っては別れることで、わたしたちは学ぶのです。

わたしたちはみな傷ついた魂であることを、わたしが完璧でないようにこの世に完璧な人はいないということを、そして愛とはこうしたことを認めて相手を受け入れながら、人生をもっと幅広く、深くしていくものだと言うことを……。

また、わたしたちはそうした経験を通して、**どういう人を愛することができるのか、どんな人とともに生きることができるのかを学んでいきます。**

あの人が恋に落ちることがない理由

ところが、ヨンウンさんやユンジョンさんのように、理想のタイプを決めておいてから探そうとすると、恋に落ちることはなくなります。

理想のタイプに出会うのが難しいだけでなく、理想のタイプに近い人が登場しても望んでいた人でなければ、どうしようかと迷うため、恋に落ちようとしても無理なのです。

ですから、彼らは「あばたもえくぼ」という言葉の意味がわからず、理想像の裏にある本当の姿が見えはじめると失望し、背を向けます。最後まで理想のタイプにこだわる場合、得るものは挫折と失望だけです。そして、これはむしろ理想的な恋人への執着だけを強化することになります。

もしかして、あなたも理想のタイプが表れるのを待っているでしょうか?

だとしたら、また失望し挫折するのではないかと、恐れているのです。

つまり、過去の恋愛で負った傷を、出会った理想のタイプの人にすぐにでも癒してもらいたいのに、相手に失望するだけになるのではないかと恐れているのです。

でも、本当にあなたが望むものは、愛するプロセスを経て少しずつ得られます。

ですから、理想のタイプに会った瞬間に望むものが手に入るという錯覚から、いまからでも抜け出さなければいけません。

愛には忍耐と時間が必要で、わたしたちはそのなかでゆっくりと成長し、ゆっくりと変わっていくのです。

言葉にしなくても伝わるのが愛だと信じている人たちに

ある日、国際結婚をした夫婦が訪ねてきました。男性は韓国人で、女性は米国人です。文化的なギャップやコミュニケーションによる問題で、ここ5年間ずっと喧嘩が絶えなかったという夫婦。夫がまず口火を切ります。

「この人はまだわたしの好みも知らないんです。それどころかコーヒー一杯淹《い》れても、毎回、砂糖は何杯？　クリーム何杯？　人のことを馬鹿にしているのか、すべてがそんな感じなので、いらいらするんです」

すると、横にいた妻が比較的流暢な韓国語で、呆れたと言わんばかりにこう言います。

「いえ、そのときによって飲みたいコーヒーって違うと思うんですけど、それって言葉にしなければわからないですよね？　ブラックで飲みたいときもあれば、ちょっと甘くして飲みたいときもあるじゃないですか」

愛する人たちがある瞬間にお互いに言い放つ言葉は、

「それって必ず言わないといけないの？」

言葉にしなくてもすべてわかる仲、眼差しだけ見れば相手がどんな気持ちでいるのか、なにを望んでいるのかわかる仲。

こんなふうに親しい間柄に憧れる理由は、母親の胸に抱かれていた赤ん坊のころに遡ることができます。

当時、母親は自分の眼差しさえ見れば、お腹が空いているのか、眠いのか、おむつが濡れているのか、すべてわかってくれました。このときに母親との関係から感じた、ひとつになったような一体感は、のちにわたしたちが追い求める愛の原型になります。あえて言葉にしなくても母親がすべて理解してくれるように、愛する人もすべて理解してくれるのを期待するようになります。

そして恋に落ちたばかりのころは、実際にお互いにテレパシーが通じるような経験もします。

なぜならば、情熱的な愛は感覚という感覚の扉をすべて開け放ち、直感力を最高潮に高めるので、恋人同士の共感が可能になるからです。

そのため、同時に同じ言葉が口をついて出たり、互いに目が合ってげらげら笑ったりするし、同時に同じ歌を口ずさむこともあるし、同じ食べ物を食べたくなったりもします。

それでなくとも、ちょうど相手のことを考えているときに鳴った電話のベルが不思議で、それが運命的な出会いの証拠だと受け止めます。でも、情熱的な愛の時期が過ぎると、高まっていた感覚は元の状態に戻ります。そのため、それ以降はいくら愛する関係だといっても、互いの気持ちや状態を伝えようとしたら、絶えずコミュニケーションをとる努力をしなければいけません。

それは決して悲しいことではありません。

考えてみてください。相手が自分の気持ちをすべてわかっていたら、本当にうれしいでしょうか？

いくら愛していても、隠しておきたい秘密があるし、相手に知られたくない、きわめてプライベートな領域もあるものです。もしこうしたことまでも互いにわかってしまうと、かえって愛が脅かされることがあります。

心のなかに生まれるさまざまな衝動から愛を守るのもわたしたちの役目ですが、すべてを知っていたらそれも不可能になります。

ですから、恋愛をしている恋人たちのみなさん、相手に望むことがあれば目で語らず、口を開いて具体的に要求することです。そして、もし恋人が「それって必ず言わないといけないの?」と訊いてきたら、こう答えましょう。

「うん、頼むから言葉で伝えて」

ピグマリオン式の恋愛方法――あなたはわたしが言うとおりにしなければいけない！

ホジュンさんはキャンパスでも公認の仲良しカップルの男性主人公です。

彼はファッションセンスのいいガールフレンドのおかげで、いろいろと贅沢に過ごしてきました。

毎月彼女が指定してくれる美容院のヘアーデザイナーに髪型を整えてもらい、季節ごとに彼女から新しいファッションアイテムをプレゼントしてもらっています。

毎日おしゃれな格好をして、友人たちからほめてもらうのは決して嫌ではありませんが、服はもちろんバッグひとつ買うのも、彼女の承認が必要な生活はだんだんとつまらなくなってきました。

そのうえ、彼女の要求はファッションに限らなかったのです。

突然、スタイルをよくしろとやりたくもない運動を強要したり、つまらない純情漫画を強制的に読まされたりと、彼女の要求にはきりがありません。

ついに、ホジュンさんは我慢していた言葉を口にしました。

「これ、いま絶対に着ないといけないのか？」

「うん、さっさとトイレで着替えてきてよ」

「今度着るよ。いまは面倒だから」

「ねえ〜お願い〜」

「おい、俺……お前の人形か？　それとも、ペットなのか？」

「もう！」


だれにでも多少はこんな気持ちがあります。愛する人を自分好みに変えたいという気持ちです。

ですから母親が気に入っている服を3歳の息子に着せて、これをしなさい、そんなことしちゃだめと、一つひとつ指示するように、愛する人を望むとおりに変えようとします。

もしも相手が拒否したら、反抗する子どもに諭す母親のように、「お前のことをいちばん愛しているのはお母さんでしょ？　だからお母さんが言うとおりにしなさい。それがお前にとっていちばんいいのよ」と、愛する人にも「あなたのことを愛しているから」と言うのです。

わたしの愛する人はこのくらいのレベルじゃないといけない

「少なくともわたしが愛する人はこのレベルじゃないと」と、きわめて自分勝手な当為性で始まる愛、相手を意のままに変えて、望む姿に作り上げようとする愛、わたしたちはそうした愛を「ピグマリオン式の愛」と呼びます。

よく知られているように、ピグマリオンは古代ギリシアの彫刻家です。アフロディーテたち女神の乱れた生活を見て、生涯を独身で過ごすことを決心します。

彼の夢は、この世でもっとも美しい女性を彫ることです。真心をこめて彫刻像を作り、「ガラテア」と名づけますが、すぐに彫刻に恋するようになります。そして花と宝石で彫刻を飾り、高価な服を着せ、彫刻を抱きしめてキスをするなど、まるで生きている女性のように彫刻像を扱ったのです。そして、とうとう彫刻像を妻と呼ぶようにまでなります。

しかし、彫刻像はどこまでも彫刻像に過ぎず生命体ではありません。アフロディーテの祭典の日、ピグマリオンは残念な気持ちで祈りを捧げました。

「神よ、願わくはわたしにあの彫刻像の処女のような女性を、妻として与えたまえ」

アフロディーテは、ピグマリオンの頼みを聞き入れました。彫刻像に命を吹き込んであげたのです。ついにピグマリオンは、生きて息をしているガラテアと結婚することになります。

愛する人を自身の理想形に作り変えようとするピグマリオン式の愛は、映画『マイ・フェア・レディ』でも見ることができます。

言語学者ヘンリー・ヒギンズ（レックス・ハリソン）は友人との賭けで、花売り娘のイライザ（オードリー・ヘップバーン）を6か月で貴婦人に仕上げることを約束し、実際に彼女を変身させるのに成功します。

映画『プリティ・ウーマン』も典型的なピグマリン式の愛を見せてくれます。なぜならば、大金持ちのエドワード・ルイス（リチャード・ギア）が売春婦のビビアン・ワード（ジュリア・ロバーツ）と恋に落ちるのですが、あるがままの相手を尊重するのではなく、自分好みの優雅な女性に変身させてから愛する話だからです。

ピグマリオン式の愛はきわめて危険な自己愛的な愛で、自分が創造した対象を所有し、支配しようとする欲望を持ちます。

そのため、**このタイプの人たちは相手が自分とは別の人格だという事実に耐えられませ**

ん。ひたすら相手に教えて、望むように変えようとし、相手が行ったことのない場所を見せ、読んでいない本を読ませ、相手が経験したことのない喜びを与えようとし、言葉遣いやマナー、着こなしまで、自分好みに変えようとします。

しかし、相手を変えようとして自分のほうが優れていると主張すれば、相手の価値を傷つけることになります。

相手に多くのことを強要するようになると、相手が自分を愛しているのも、強要したせいで仕方なく愛しているのではないかと疑うようになります。そのため相手を支配・所有しようとする愛は、最後には愛を破壊してしまうのです。

お互いにあるがまま愛せれば、もっと幸せになるものです。

ですから、もしも愛という名で、相手の意思を確かめもせずに自分が望むように変えようとしているのであれば、方向性を改めなければなりません。

サン＝テグジュペリはこう言っています。

「愛とはお互いを見つめ合うことではなく、ともに同じ方向を見つめること」

互いに同じ方向を見ようとすると、相手があなたとは別の、独立した存在であることを認めなければなりません。愛する人はあなたのポケットのなかの人形では決してないのです。

恋人に両親の役割を強要しないこと

大学院を卒業後、大企業に入社し、現在は代理職の最終年度である31歳のジスさん。仕事への強い意欲を持つ彼女は、周囲の人たちが「働き過ぎじゃないの？　結婚もしないとね」と心配すれば、「いつかしますよ」と言い返しますが、内心は穏やかではありません。そうでなくても、最近ボーイフレンドとの関係がよくないからです。初めのころは、彼女が忙しいのもすべて理解してくれて、忙しいときは仕事も手伝ってくれました。しかし、彼女が昇進をしてさらに忙しくなると苛立ちはじめ、結婚しようと急き立てます。結婚で仕事をおろそかにしたくなかったジスさんは、今日明日と先延ばしにしていました。

そんなある日、会社から海外の支社で2年間勤務しないかという提案をもらいます。いわばほかの人たちが行きたくて仕方がない、逃したくないポジションです。

ところが、あろうことにボーイフレンドが立ちはだかりました。

これ以上は待てないから、行くのなら別れることになると言うのです。以前は、やりたい仕事を心置きなくやれと言っていたのに、彼の想定外の反応に衝撃を受けます。

「わたしの成功を邪魔するってことは、結局はわたしのことを愛していないってことじゃない？」

そのためジスさんは7年間付き合った彼と別れるかどうか、ひどく悩んでいるのです。

「どちらかが面倒を見てもらう関係」になると愛は壊れる

愛は利己的なものです。

あの人とでなければ幸せな人生を送れないし、あの人と一緒であればさびしくない豊かな人生を送れそうだから、わたしにはあの人が必ず必要なのです。

さらに、苦労して探しもとめた恋人なので、自分よりも大切な存在のように思え、自分が持っているものをすべて差し出しても惜しくないと思うようになります。

ところが、人はだれでもいまよりも多くのものを手に入れようとします。

わたしが彼のことをなによりも大切に思っているのだから、彼にもわたしのことをいちばん大切な人だと考えてくれるよう期待します。つまり、彼はわたしのことだけを考え、わたしが幸せな姿を見れば彼も幸せで、わたしが望むことを喜んでやってほしいと望むのです。

こうした欲望がさらにつのると「彼がわたしを愛しているのなら、わたしに必要なことをすべてやってくれるべき！」と考えるようになります。**対等な関係からどちらかが一方的に面倒をみてもらう関係に転落するのです。**そうなると最後に愛は壊れてしまいます。

こんな話をまわりの人たちからたくさん聞いていませんか。

女性があらゆる苦労をして男性を支えたのに、試験に合格するとほかの女性と浮気をしたとか、留学時代に言葉も通じない外国で、妻が苦労してお金を稼いで夫の勉強を支えたのに、夫は教授になるとほかに女性を作って離婚を切り出してきたとか。

こういう場合、周囲の人たちは男性をけしからん奴だと責め、捨てられた女性は深刻なうつ病と被害者意識に苦しみます。

恋人関係が壊れる主な理由

こうした関係が壊れるしかない理由はいくつかありますが、**第一に発達のアンバランス**

があげられます。

ある夫婦の妻が夫のためにあらゆる苦労を引き受けているあいだ、夫はこつこつと勉強をし、人がうらやましがるポジションにつきました。夫の成功後、ふたりの関心事は大きく異なってしまい、意味のある会話を成立させるのが難しくなります。つまり、妻は夫の自己実現を支えようと、自身の自我をなおざりにしたため、**最後は互いが別々の世界に属する異邦人になってしまったのです。**

ふたつ目の理由は、夫の負い目です。

いずれにせよ、夫は妻に借りがあります。夫は債務者となり、妻は債権者になるのです。この場合、**妻は過去の犠牲を担保に、それとなく夫を操り支配しようとします。**「これは全部わたしのおかげだからね」と大口をたたくような妻の姿を見て、夫は負い目から逃れたがります。

3つ目の理由は、彼らの関係が異性関係というよりも母子関係に近いということです。妻は受験生の面倒をみるお母さんのような役割をします。そうなると、夫にとって妻は女性というよりも母親のように感じられます。そのため、妻とは愛を交わせなくなります。母親と異性関係を結べるわけがありません。

これはいくら夫が妻の犠牲に報いようとしても、本当に難しい問題です。

犠牲を買って出て、ひとりで大変な仕事に耐えたことは、**妻自身の選択であることを見過ごしてはいけません。**だからと言って、妻を捨てた夫たちを擁護するわけではありません。いくら危険要素が多いといっても、彼らの愛が破綻したいちばん大きな理由は、「夫の裏切り」です。

一方的に要求すると、関係は壊れる

先述のジスさんは自己実現のために、あらゆることを支えてくれる男性を必要としています。

そんな夢を見るのは、おそらく彼女だけではないはずです。わたしたちはみな自分のことだけを愛し、自分のためにあらゆることをしてくれる人を夢見ます。まるで幼いころに夢見た「ファミリー・ロマンス」のように。

ファミリー・ロマンスとは、わたしの両親は本当の親ではなく、身分の高い親たちがほかの場所にいるけれど、やむをえない事情があってわたしはここで暮らすことになったと考える幼少時のファンタジーを言います。

そのなかで子どもたちは、いつか本当の親が訪ねてきてくれて、望むすべてを聞いてくれると考えます。

幼いときからしっかりしていて賢かったジスさんは、両親の愛情と期待を一身に受けて育ちました。両親は、彼女が望むことはほぼすべて受け入れてくれました。しかし大人になって社会に出ると、両親の対応は以前のようではなくなりました。これからはすべて彼女ひとりでやらなければならないさびしい状況に直面したのです。そんなとき、彼女の大きな助けになってくれたのがボーイフレンドです。ところが最近になって、これ以上は待てないと言われ、腹が立つ一方で彼を失うのではないかと怖くなったのです。**彼女にとって彼は両親の代わりでした。**

ジスさんに起きている問題は、最近の大人たちが直面している問題でもあります。**幼いときから両親から過度に期待され過保護に育てられてきた世代。勉強さえできればすべてが許された世代。**

そのため自分でなにかを決めたり、責任を負ったりしたことがない人たちが大人になり、非情な現実のなかに放り出されたのです。

すると次に彼らは両親のように自分を温かく支えてくれる恋人に憧れます。

「わたしのことを愛しているなら、このくらいしてくれてもいいでしょ?」と堂々と言いながら……。

しかし、恋人は両親ではありません。ただあなたと同じことを望み、あなたに似ている人間なだけです。ですから、恋人に両親の役割を強要するのはやめましょう。

そして「愛していると言いながら、こんなこともしてくれないの?」と聞く前に考えてみましょう。はたして、わたしは相手が必要とすることをやってあげているのかを。

愛とは一方的に要求するものではなく、互いの要求をすり合わせていくものなのです。

結婚を恐れるのは、夢をあきらめたり、大転換になることを感じているから

今日に限ってまったく仕事が手につかないスヨンさん。ランチも食べずに席に座ったままネットサーフィンをして、心を落ち着かせようとしていました。メッセンジャー友だちもみんな食事に行ってしまっただろうと思いましたが、違ったみたいです。キョンアでした。

キョンア：今日、両家の顔合わせなんだって？
電撃発表：うん。
キョンア：うらやましい。どこで会うの？
電撃発表：わかんない。突然行くのが嫌になっちゃった。
キョンア：なんで？　ケンカでもしたの？
電撃委発表：いや、そんなんじゃないよ、もう〜。
キョンア：なにがあったの？

電撃発表：あのさ。
キョンア：？
電撃発表：この人と結婚すべきなのかな？
キョンア：え？

結婚を目前にした人たちが、結婚生活の入り口で二の足を踏むことはよくあります。はたしてこの入り口に入っていっていいのだろうか？

この人と結婚しても大丈夫なのだろうか？

結婚そのものがわたしに合わなかったらどうしよう？

幸せに暮らせるだろうか？

結婚とは頭のいかれた行為だと言うけれど、わたしもすぐに後悔しないだろうか？

いろいろな思いが頭をよぎります。

スヨンさんもそうでした。両家の顔合わせがすめば、通常は結婚式の日取りを決めることから始まって、あらゆることが一気に進められるため、顔合わせに行くのが恐ろしくなってしまったのです。

実際に、他人と息を合わせながら一緒に暮らすのは簡単なことではありません。

ある瞬間、情熱は冷めてしまい、がっかりするような相手の欠点をこらえるのも簡単ではなく、また生活が始まればすぐに経済的な問題にぶつかります。そうなれば、両親みたいに生活に追われて生きることになるのではないか、と不安になります。

それだけでなく、**結婚したために夢をあきらめたり、方向を変えたりする必要があれば、結婚が人生の大きな転換点にならざるをえません。**

そのため、新郎新婦になろうとする人たちはひどく神経が尖り、心配が尽きません。本格的に結婚準備に入ると、ほとんどの男女が一度か二度は喧嘩をすることになります。しかし会うたびにケンカをしないだけでも幸いです。それほど結婚を目前にして感じる不安は大きく、だれも避けて通ることはできません。

「過去の関係を繰り返す」衝動もあるので、もしその関係で結婚をするなら不幸

精神分析をしているわたしの立場から見ると、結婚をやめさせたくなる、間違った出会いはかならずあります。

人間はだれでも過去の不幸を繰り返そうとする「反復強迫」という衝動を心のなかに持っています。

そのため過去に苦労した関係をそのまま現在に移してきたような関係を選択することが、しばしばあります。

アルコール中毒の父を持った女性が、度が過ぎるほど酒が好きな男性と結婚し、気弱な母親を持った男性が同じような女性を妻に迎える場合がそれにあたります。

いくら結婚を約束した関係でも、**ふたりの関係がそれぞれの過去からくる内的葛藤により病的に絡み合っているとしたら、結婚を考え直すべきです。**

会うたびにけんかをし、互いに憎み合っているのに、情のせいで別れられないのならば、あるいはふたりの関係が一方的な側面が多く、気兼ねをするようであれば、じっくりと考えなおしましょう。

もしかしたら相手が、過去にあなたをつらく大変な目に遭わせただれかに似ていないか、考えてみましょう。アルコール中毒になった父親のせいであれほど苦労したのに、父親と同じような人にふたたび出会う必要があるでしょうか？

それでも互いの葛藤をきちんと理解し、これから解決できるという自信があるのであれば、話は違ってきます。

しかし、それくらい成熟した愛でなければ、過去の不幸をもう一度繰り返そうとする反後強迫かもしれません。不幸の連鎖はあなたが断ち切らなければいけません。だれもあなたに代われないのです。あなたの人生なのですから、あなたが勇気を出さなければいけないのです。

結婚が愛の墓場ならば、ただぞっとする人生

人生の重さと確実性から解放され、自由を楽しんで生きていきたい外科医トマシュ。彼にとって結婚とは、「耐えられないほど重い人生のくびきであり、自由な人生の終わり」なだけです。

そうだと知らずに間違って結婚したことがありましたが、それ以降は違いました。彼は一度の結婚によって、自分が生涯を通してひとりの女性とだけ生活するのが難しいタイプの人間であると理解します。

結婚の義務、夫の使命などがないときに初めて心が軽くなるトマシュ。自由恋愛主義者の彼は、真面目に人生を生き、運命的な愛を信じるテレーザとあらゆる束縛を拒む自由奔放な画家、サビーナを同時に愛します。

トマシュとの愛を運命と受けとめるテレーザは、ひっきりなしに自由恋愛を楽しむトマシュを理解できず葛藤します。ついにテレーザはトマシュの軽薄さに耐えられず、彼のもとを去るのです。

ミラン・クンデラの『存在の耐えられない軽さ』（千野栄一訳、集英社、１９９８年）に出てくる話は、わたしたちに愛と結婚と人生の意味を問いかけます。小説でトマシュはのちにテレーザのもとに行きます。耐えられない人生のくびきに縛られてでも、彼女と人生をともにしたいと思ったのです。しかし残念なことに、ふたりは互いの愛を確かめ合った日に交通事故で命を失うことになります。

「恋愛は夢で、結婚は現実だ」とよく言われます。

ラッセルも「結婚生活の多く、愛は義務や現実を前にして色褪せるしかない」と言っています。トマシュもそう考えたはずです。それだから最初にテレーザと別れるしかなかったのでしょう。テレーザを引き留めるのに結婚は荷が重すぎると考えたのです。

ところでトマシュはのちになって、なぜテレーザのもとへ行ったのでしょうか？　彼らが交通事故で死ななければ幸せな人生を送ったのでしょうか？

明らかにわかることは、もし結婚していたら必ず後悔したはずだということです。もともと結婚とは、しても後悔、しなくても後悔するものなのですから。

では人間はなぜ結婚するのでしょうか？

結婚生活は、現実、文化、無意識の3つがダイナミックにもつれあう

夫婦によって結ばれる関係は、およそ次の3つにわたります。

ひとつ目は現実的な面です。経済力が確保できる、心理的な安定を得られる、さびしさから抜け出せるなどがこれに属します。

ふたつ目は文化的な面で、ふたりの文化的な期待がどれほどぴったり合うかという問題です。

そして最後は心理的な面で、互いの無意識が衝突して、なんらかの結果を生み出すのではないかということです。

結婚生活は、この3つの面が複雑にもつれながら、かなりダイナミックなものになります。お互いに対する期待と失望、愛情と憎しみなど、あらゆる感情が絶え間なく混ざるからです。**いつの間にか夫婦は心のうちをすべて見せ合うようになります。**そして、本当になんでもないことなのにムキになってけんかをしたり、ほかの人には絶対に言わない致命的な言葉を投げつけたりします。

そんなけんかが終わると互いに大きな傷を負いますが、「ごめん、これからはちゃんとするよ」という一言で、すべてが解決します。

このような地獄と天国を行ったり来たりするプロセスはずっと繰り返されます。リチャード・スティールは「結婚とはわたしたちがこの世で経験できるもっとも完璧なイメージの天国と地獄だ」と言っています。

夫婦が喧嘩をしながら互いに幼稚で惨めな姿まで見せられるのは、そのくらい愛と信頼によって支えられている関係だからです。とんでもないことをしても、相手がわたしを愛しているから、最後には抱きしめてくれるだろうと信じているのです。

しかし、もしも信頼が失われた関係であるなら、話は違ってきます。

そういう場合のけんかは一時的なもので終わらず、**相手に対する失望と憎しみによって破壊的な方向に突き進みます。**そうなると、本当に結婚は愛の墓場になってしまいます。

ですから、結婚生活をうまく過ごそうとしたら、回復できないような傷を与えないように、互いを思いやり、尊重しなければいけません。

とくに信頼を損なったり、相手に深い傷を与えたりする言動は慎むべきです。

結婚自体が愛の墓場なのではなく、わたしたち自身の間違った言葉や行動が、結婚を一瞬にして愛の墓場にしてしまいかねないことを肝に銘じておきましょう。

結婚は、いくらがんばっても束縛になる

土曜日の朝、ジヨンさんはベッドに横たわったまま、なんの予定もない週末の計画を立てています。

「今日は大掃除をしてから映画でも観ようかな」

以前はそんなことはなかったのに、最近は週末になるのが本当に嫌です。一生結婚しないで一緒に楽しく過ごそうと言っていた女友だちは、ひとり、ふたりと結婚式の招待状を送ってよこすようになり、ほぼ全員が結婚してしまいました。

そんな友人たちは、最近は会うたびに「結婚なんてしなければよかった。ジヨンはひとりで生きたほうがいいよ」と言っては夫や嫁ぎ先の悪口に夢中です。

それなのに本格的に遊べる時間ができると、時計をちらちら見ながら、夫が待っているからとさっさと帰ってしまうし、週末に暇だから電話でもしようものならさまざまな口実を使って、また今度会おうね、と言ってきます。ジヨンさんは、二度と自分からは電話をしないと心に誓いました。

「そうだ、今日の夕方はヘウォン姉さんの結婚式だ!」

ヘウォン姉さんは、ジヨンさんが幼いときから尊敬してきた従姉です。50歳になるまでひとり暮らしをしながら、仕事と人生を楽しんできたカッコいい姉さん。

会うたびに「わたしはこんなふうにひとりで暮らすのが気楽。ときどき恋愛でもしながら」と徹底した独身主義を貫いていたのに、その姉さんが結婚すると言うのです。男性はさほどカッコいいわけでもなく、なにがそんなにいいのか……。でも不思議なのは、どことなく冷たくとがって見えた姉さんが、以前よりもずっと柔らかくなり、きれいになったことです。

結婚の連絡は衝撃でしたが、とにかく土曜の夕方に出かける所ができたのは幸いだと思いました。

ベッドの上でごろごろしながら、ジヨンさんは一瞬、ほかの人たちみたいに結婚というものをしてみようかと思いました。そうでなくとも最近は年齢が顔に現われはじめ、陽が沈むとがらんとした部屋に水が押し寄せるかのようにさびしさが訪れる日が多くなりました。しかし、すぐに頭を振って思い直します。

「結婚だなんて、どうしたっていうの。毎日のようにつまらないことでいがみ合う両親を見て、あんなふうに喧嘩ばかりしてるのになんで結婚したんだろうって思ったのは一度や二度じゃないのに……」

自分のことだけで精一杯なのに、横であれこれ要求する面倒なコブができると思ったら、うんざりです。やはりジョンさんにとって結婚は、考えただけでも息が詰まるものなのです。

「わたしは束縛されながら生きるのは嫌。まして、わたしみたいに怠け者として知られた人間が耐えられるわけがないでしょ？　たぶんわたしと結婚する人も、わたしに我慢がならなくなるはず。それに一緒に暮らしながら、いつ心変わりするかわからないというのに、ひとりの人にわたしの人生を賭けられるわけないじゃない？　そのうえ子どもでも産んだものなら、だれが子どもを育てるの？　ああ、ぞっとする。そうよ、結婚なんて絶対にだめ」

こうやって整理して考えると、心が軽くなりました。のどかな土曜日です。

自由でありながらさみしくない人生は存在するのか？

ひとり暮らしでもっとも大変なのは、おそらくさびしさでしょう。

暖房が入っていない家に帰りたくないなら、人の声が恋しくてテレビのスイッチをつけたことがあるなら、電子レンジで温めるインスタント食品だけれど一緒に食べてくれる人がいたらいいのにと思ったことがあるなら、さびしさがいかに苦痛なのかわかるはずです。

一方、結婚生活でもっとも大変なのは、束縛されている感覚でしょう。

やりたいことを思いきりできず、自由気ままに旅行にも行けず、さらに子どもでも生まれたら、まさに責任と義務という鎖に縛りつけられたような気分になります。

何年か前、友人のひとりがわたしに愚痴をこぼすようにこう言いました。ある日、仕事を終えて午前2時ごろに帰宅すると、妻と子どものふたりが寝ているはずなのに、布団からは3人分の足が出ていたそうです。妻の浮気を知った瞬間、友人は息が詰まり、どこかに逃げたくなったと言うのです。

おそらくそんな気持ちだったことでしょう。ジョン・アップダイクの小説『走れウサギ』

（宮本陽吉訳、白水社、1984年）でハリーが逃げたのも。

ヘンリーは、台所道具のセールスマンとして働いています。過去には高校のバスケットボール選手として人気のあった彼は、毎日同じように繰り返される日常に息が詰まりそうでした。

ところがある日、いつもテレビばかり見て過ごしている妻が妊娠したと言うのです。それでなくても、同じことの繰り返しの人生なのに子どもまで生まれるとは……。彼はある日、偶発的に車で家出をしてしまいます。

いろいろあったすえに気を取り直して家に戻った彼を迎えたのは、赤ん坊の泣き声と妻の果てしない小言でした。

ハリーはふたたび家を出ます。そして、最初の家出のときに出会った売春婦のところに行くのです。しかし、そこでも長くはもちません。売春婦も妊娠をしたからです。

ハリーはちょっと店に行ってくると言って、どこかにまた逃げてしまいます。

さびしさも、束縛感も、もっとも耐えがたい感情のひとつです。ところが本当に悲しい事実は、**さびしさから逃れようとしたら束縛を選ばねばならず、束縛されずにいようとするとさびしさに耐えなければなりません。**

さみしいのが嫌で、結婚するのも嫌なのに、束縛されるのが嫌だからと結婚をしないわけにもいかず……。

いったいどうしたらよいのでしょう?

自由でありながらさみしくない人生は、本当にないのでしょうか?

そんな質問をする前に、このことは知っておかなければいけません。

結婚したからさみしくないわけではありません。最悪の場合、愛する人が横にいてもさみしいときがあります。

また、シングルだからって束縛されないわけではありません。生計を維持しようとしたら稼がなければいけないし、そうなるとなにかに束縛されるほかありません。

つまり、どんな人生を選ぼうと完全に自由でさみしくない人生なんてありません。ただ、他人よりも少しだけ自由度が高かったり、少しだけさびしさが少なかったりする人生があるだけです。

ですから、結婚をすることを決めたら、まずはその生活の限界を認めて、受け入れなければなりません。それが幸せで楽しく生きる第一歩です。

親として生きることの意味

わたしが初めて母親になったときのことを振り返ってみます。

上の子がもう大学生なので、本当に長い年月が経ちました。実は最初の妊娠は流産してしまいました。インターン（実習医）時代のことです。

結婚してすぐに予想外の妊娠をしたわたしは、妊娠の喜びを味わうこともなく、つらい現実と闘わなければならなかったのです。疲労に加えてつねに睡眠不足で、周囲に悪阻《つわり》だと気づかれないようにと歯を食いしばっていた日々。苦しいときは、生まれてくる子どものことを考えてがんばろうとしましたが、つらい時間というのはたいていゆっくりと流れていくものです。

そんなある日、集中治療室で当直をしていたところ、3人の患者に心肺蘇生法を施さなければならないすさまじい状況になりました。

心肺蘇生法を30分もおこなうと、頑強な男性でも全身に汗をかき、脚がぶるぶる震えだすほど大変な作業です。ところが、3人の患者の心臓が次々と止まったのです。先輩たちが代わるがわる心肺蘇生法を患者におこなう状況で、どうしても「妊娠中なんです」とは言えませんでした。

まだ妊娠初期なのでお腹のなかの子どもが心配にはなりましたが、力を振り絞って患者の胸を圧迫しました。

翌日から出血しはじめ、結局流産になってしまいました。

その夜は本当に泣きどおしました。ひとつの命を救おうとして、自分の子どもを失ってしまったという皮肉。

医者になったことを一度たりとも後悔したことはありませんが、このときほど自分の職業を恨めしく思ったことはありません。そんなふうに最初の子を失ってからは、しばらく後遺症に苦しみました。

それから2年後、また妊娠をしました。

ところが、妊娠2か月のときに出血しはじめ、流産の可能性が高いという診断を受けたのです。今度は子どもを失うわけにはいきません。レジデント(専攻医)研修中でしたが、1か月の休暇を取って、家で休みました。母親になるのは簡単ではないと痛感した日々でした。幸いなことにそれ以降は流産の気配もなく、子どももちゃんと育ってくれました。

出産予定日が近づくにつれて、わたしの体のなかで無事に子どもが育ったことがうれしく感じられるようになりました。

そんななか、早く子どもに会いたい気持ちがある反面、恐いという気持ちにもなったのです。

はたしてよい母親になれるだろうか？

ちゃんと育てられるだろうか？

いまは一生懸命に働いて、勉強もしなければいけない時期なのに、仕事と育児を両立させられるだろうか？

仕事のせいで、子どもに十分な時間と愛情をかけてあげられなかったら、どうしよう？

または、子どものせいで仕事と勉強がきちんとできなかったら、どうしよう？

そのせいで、もしも子どものことをわずらわしく思ってしまったら？

そんなさまざまな思いが浮かんでは消えていきました。

実際に子どもを産んで母親になる過程では、身体的・精神的・経済的に多くの変化が求められます。

まず、子どもを持つと、身体に変化が生まれますが、そのせいで性的な魅力を失ってしまうため、夫の関心までも失ってしまわないか不安な気持ちになります。

最近のように育児に多額のお金がかかる状況では、経済的な負担もかなりのものです。

子どものせいで夢を修正したり、あきらめたりしなければいけないかもしれない。そんな不安もわたしたちに二の足を踏ませます。

わたしも漠然とした恐怖を感じながら、出産日を迎えました。

ところが、ここでも問題が発生しました。子宮収縮は起こっているのに痛みもなく、まったく出産が進まなかったのです。陣痛促進剤を打って陣痛を待ちましたが、相変わらず出産が始まる気配がなく、胎児の心拍数だけが遅くなりはじめたのです。

やむをえず、緊急に帝王切開手術を受けました。5分遅かったら、大事になるところだったそうです。

こんな紆余曲折のすえに、ついにわが子を胸に抱くことができました。

そもそも動いてはあくびをする赤ん坊のすべてが神秘的でした。まるで宇宙を胸に抱いているようです。

この小さな生命がわたしに与えてくれる幸福感は、言葉で表現できるものではありません。

親になることよりも難しいのは、親の役割をこなすこと

精神科の医師として患者の心を治療していると、人間の発達過程と心との関係についてたくさん学ばなければなりません。

その過程で親のカウンセリングや養育方法についての相談も数多くおこないました。そのため、わたしは理論的には完璧な母親にならなければなりませんでした。惜しむことなく学んだことのすべてを子どもに対しておこなってみようと決心しましたし、それなりに自信もありました。

しかし、「坊主は自分の頭を剃れない」*と言いますが、いざ母親の役割を果たそうとするとすべてが不慣れでした。

首も座っていない弱々しい赤ん坊に服を着せるときは、腕を折りでもしたらどうしようと慌てふためき、赤ん坊を抱いてお風呂に入れるときは、間違って水に落とすのではないかと、ひやひやします。結局、実家の母親に助けてもらうしかありませんでした。

わたしは出産後4週間で病院に復帰したのですが、そのときからが戦争の始まりでした。

＊訳注／自分のことなのにうまくできず、人の助けを借りなければならない、という意味の韓国のことわざ

身体を省みる余裕もなく、職場に通うのは大変でしたが、それよりもつらかったのは子どもの面倒をろくにみられないという罪悪感でした。

ある日、退勤後にひとりで泣いているわが子を見て、あやすどころか、子どもを抱いたまま一緒に泣いたのもそのせいです。子どもとどれほど長く一緒にいるかということよりも、一緒にいる時間にどれほどベストを尽くせるかが重要だとは知っていましたが、いざ自分のこととなると、親の気持ちは教科書どおりにはいきませんでした。

それだけではありません。かなり未熟な母親であるにもかかわらず、ともすれば子どものことを恨みました。**子どもがわたしの成功を妨げているように感じることが、ときどきあったからです。**わたしはそんなふうに**子どもを愛し、恨みながら、ひとりの人間として少しずつ成長していったのです。**わたしが子どもたちを育てたと言うよりは、子どもたちがわたしを母親に育てたというのが正しいかもしれません。

あっという間に大きく成長してしまった子どもたちを見て

上の子が3歳になった年、わたしはふたり目を妊娠しました。

ところが、このときの妊娠期間も順調ではありませんでした。あいにくなことに、ふたり目の妊娠後まもなく父が大手術をうけました。そうなると、父の看病や上の子の育児で、目が回る忙しさです。

紆余曲折のすえにふたり目を産んだのですが、この子には心臓病がありました。生後10か月にならないと手術ができないので、それまでは子どもは息切れを起こして、ちゃんとおっぱいも吸えませんでした。

夜通し子どもの世話をして、朝になるとまた病院に出勤する強行軍が続きました。当時は毎晩祈っていました。この子を生かしてくれるなら、それ以上は欲張らずに生きていきますと……。

ところが、そんなふうに全神経を集中してふたり目の面倒をみていたので、上の子の面倒をみる時間がありませんでした。

しかし疲労と心配で疲れ切っていたので、上の子が当惑する気持ちに気がついてあげられませんでした。いいえ、むしろ上の子に苛立つこともあったのです。

幸い心臓手術はうまくいき、下の子は健康を取り戻しました。

しかし、ふたり目の胸には大きな手術跡が残り、上の子には当時の心の傷がくっきりと残ったのです。わたしの心にも、子どもたちに母親らしいことを十分できなかったという罪悪感が残りました。わたしはそれ以降、子どもたちを育てながら、どんなことをしてでも傷を治してみせようと努力に努力を重ねました。

それから長い時間が流れました。子どもたちはいつの間にか大きくなってしまい、今年は下の子が大学に入学します。

振り返ると、決して平坦ではない日々でしたが、いまでは子どもたちも大きくなり、もうわたしが守らなくてもよいのが残念な気がします。

完璧に子育てしようと思うのではなく、子どもの存在そのものを愛せばいい

わたしがこの世に生まれてからおこなったことで、いちばん誇れるのはまさにふたりの子どもを産み、育てたことです。そのため、最近子どもを産もうとしない人が徐々に増えていることが、本当に残念です。

親を全面的に頼る小さな命を胸に抱いて育てる幸せは、人生で二度とやってきません。ですから、子どもの成長を見守り、その時間を目いっぱい楽しんでください。

子どもは、心から愛してくれるだれかがいれば、ちゃんと成長するものです。子どもがなにかを達成するのを喜ぶのではなく、**子どもの存在そのものを愛する両親であるべきです。**

完璧な両親になろうとする負担感は捨て去りましょう。この世の中に完璧な両親なんていません。**そもそも人間は間違いやすい存在によって育てられます。**

そうした間違いのなかで、余裕や思いやり、感謝やユーモアが育ちます。そしてわたしたちは間違いのなかで育っていくのです。ですから、あなたが子どもにしてあげられるこ

とは、**できるだけ多くの愛情を注ぎ、できる限りベストを尽くすだけです。**

そしてもうひとつ、子どもに対して過度な期待を抱かないこと。

あなた自身が親の思いどおりにならなかったように、子どももまたあなたの思いどおりには育ってくれません。

子どもはあなたの体を借りて生まれてきましたが、子ども自身の魂と夢を持つ独立した人間です。**こうしたことを尊重してあげれば、子どもはそのことだけでも自身が持つ潜在能力を十分に発揮し、成長していきます。**

ときには子育てが手に余ると感じるかもしれませんが、そういうときは一歩後ろに下がって観察してみましょう。なにかを求める小さな子どもと、どうしたらよいかわからず右往左往する未熟な両親の姿を。おそらく痛々しくも、滑稽なことでしょう。

子育ては、子どもと一緒に踊るワルツと同じです。一方的なものではなく、子どもの歩幅に合わせていき、一緒に踊るワルツ。ときにはリードし、ときには転ばないように手をつかんであげながら、音楽に合わせて楽しく踊る時間は、二度と訪れることのない大切な時間です。

既婚者たちの危険な思い。その思いに隠れている結婚の本質

「わたしにとって損な結婚なのでは?」

結婚は明らかに商売や取引ではありません。

それなのに、結婚を前にした人たちは、学歴や職業、年収などを天秤にかけます。

結婚情報サービスや仲介業者たちは、そもそも天秤が片側に傾き過ぎた出会いは紹介しません。

このような選び方に眉をひそめる人も多いのですが、いざ自分のこととなると気にしないでいられる人はほとんどいないものです。どんな配偶者を迎えたのかが、社会的な地位と生活水準を表す現代では、**相手が持つ表面的な条件を気にするしかないのです。**

そしてなによりも、幼いころから慣れ親しんだ生き方を変えるのは簡単ではありません。

結婚することになれば、ご飯の食べ方、睡眠の習慣など、日常の細かい部分でも衝突するようになります。ところが、ふたりの価値観と生活スタイルが違い過ぎると、最初から

不必要な摩擦が生じるものです。

こうした**葛藤を減らす方法が、まさに経済的・文化的な背景が似ている人を選ぶことなのです**。背景が似ている人を選ぶことで、不要な誤解やコミュニケーションの問題を少しでも減らそうとします。

ふたりの激しい格差のせいで、若き日の純粋な恋愛が破局に至るまでを繊細に描いた『レースを編む女』という映画があります。

学校の休みに海辺の村を訪れたひとりの男子大学生は、村の若い女性に出会います。彼は彼女の澄んだ瞳に心の安らぎを見つけ、清らかな魂を持つ彼女は疲れ果てた彼の魂を包み込み、ふたりは恋に落ちます。

しかし新学期が始まりふたりが一緒に都会に戻ると、どうすることもできない隙間が徐々に広がっていきます。

青年は勉強しなければならない立場でありながらも、都会の生活に不慣れな田舎の娘の面倒もみなければならず、疲れ果ててしまいます。さらに友人たちと集まると、まともに会話を聞き取れない彼女のせいで、集まりは気まずい雰囲気で終わってしまうことがしばしばでした。

お互いに困った立場に置かれることが続くと、青年は苦悩しはじめます。彼女のことを愛してはいるけれど、彼女とあらゆることをともにする自信がなくなった彼は、ついに彼女と別れます。一方、田舎の家に戻ってきた彼女は、太っていて醜いから振られたのだと思い、拒食症になってしまいました。

精神病院に入院した彼女が白いレースを編んでいる姿を映して、映画は終わります。

ふたりの恋愛はうまくいっていたのに、越えるべき山が高すぎたため、愛はその山を越えられないまま力尽きてしまいます。

ふたりの違いを「愛が冷めたからだ」と考えると関係は破綻する

木が2本並ぶと、それぞれは別の根でありながら、場所争いをした末に互いの枝を絡み合わせ、最後は1本の木になります。こうなると、互いの根や性質、つまり互いに違う点を認め合いながら、1本だったときよりも強く、美しく育っていきます。

このように2本の木が育っていく過程でひとつになることを「連理木《れんりぼく》」と呼びますが、人もこれと変わりがありません。

ふたりが実際にぶつかる障害を乗り越える準備ができているならば、愛は多くのことに打ち勝ちます。**お互いの違う点を認め合い、尊重していくうちに、愛はさらに広がり、新たな世界を発見していくようになります。**

しかしここで、ふたりの考え方やライフスタイルの違いを、愛が冷めたせいだとか愛していないからだと考えたり、相手を自分の世界にやって来たよそ者だと考えたりすると、愛は違いを乗り越えられないまま消え失せてしまいます。

愛が勝つか負けるかは、**それぞれの愛の限界を認め合い、互いの違いを乗り越えて距離を狭めるためにどれほど努力できるかにかかっています。**

人はだれもが自分の習慣や考え方を頑固に変えたがらないものです。もし「わたしが損をしそう」とか「僕が苦しくなる」という気がしているときは、本当は「身に染みついた文化的・教育的な違いを、愛が克服できるだろうか？」と自問しているのです。そして、その問いに対する答えは、あなただけが知っています。

「すっかりだまされた!」

映画『情愛』に登場する、愛する人とは結婚をせずに恋愛だけしたいというヨンヒ(オム・ジョンファ)は、恋人の甘い愛の言葉にこう答えます。

「嘘でもうれしいわ。一生こんなふうにデートしながら、そんな甘い言葉をたくさん聞いて暮らせればいいのに」

ヨンヒは結婚の本質のひとつをすでに知っている賢い女性です。**なぜならば結婚生活は、愛と結婚に対する幻想を壊す序曲として始まるからです。**

新婚の甘さとときめきは、すぐに日常のなかに埋もれ、繰り返されるせわしない日常に経済の論理が入り込んでくると、結婚は「生存と生活をともにする家族」へと変貌を遂げます。

些細な日常までもともにするなかで、徐々にそれぞれの本当の姿が表れてきます。間もなく、失望と絶望、驚きと喜びが生まれ、変化に富んだ結婚生活、「血迷ったこと」が始まるのです。

夫は、スマートでミステリアスな雰囲気だった妻がいまや目ヤニをつけてぼさぼさの頭で過ごすようになったことに驚き、妻は妻で洗顔やシャワーを嫌がり不潔でいるようになった夫に驚きます。

また、結婚前は愛のために命さえ差し出しそうだった夫が、指一本動かそうとしなくなった姿を目にして、妻は不満を爆発させます。

もはやロマンチックな結婚の夢は消え失せ、恋愛していたころに気づかなかったか、気にしていなかった相手の欠点が目につき、結婚に対して疑いを抱くようになります。

結婚前にすでにお互いのすべてを知っていると自負していた恋人たちが、結婚した後になって「すっかりだまされた！」と叫ぶなんて、どうしたことなのでしょう？


恋愛はすべてを共有するわけではありません。

互いの小さな習慣や日常の細かい部分、マイナスの通帳、暗い家族史など、きわめて個人的な部分は各自の領域として隠せます。そして、愛の感情と夢、表に現われた日常だけを共有するのです。


恋愛は、相手に見せたい部分だけを見せようと努めます。

しかし、結婚はそういうものではありません。

お互いを遮っていたカーテンを開け放つのです。まるで華やかな舞台の裏に小物や装置が雑然と散らばっているように、結婚とともに開いたカーテンは、自分がいままで考え予測してきた相手と実際の人物とは、まったく違うということを確認させてくれます。

そのため新婚のころには激しい夫婦喧嘩が起こりやすいのです。しかし、これは細かな部分でまだ合わないふたつの歯車が、噛みあって回りながら立てる音だと考えることができます。

摩擦を繰り返していくうちに、ふたつの歯車は滑らかに噛みあって回りはじめます。

結婚生活では、相手の欠点に気づきながら、わざと知らないふりをしてあげること

しかし、これを我慢できずに「だまされた。こうだとわかっていたら、結婚しなかったのに」と、激しい怒りが込み上げてくるようになったら、一度考えてみてください。

相手を理想化しすぎたのではないか、または、童話のなかの王子様やマンガの女主人公を望んでいたのではないか、と。

もうひとつ、結婚生活をもう少し円満に送るには、お互いにうまくだまされてあげることも必要です。

夫が王子のふりをするとき、妻が少女マンガの女主人公のふりをするときはだまされてあげること。

相手の欠点と失敗をよくわかっているけれど、わざと気づいていないふりをしてあげること。

これも結婚生活の大切な技術であることを覚えておいてください。

束縛するようでいて束縛しないこと、自由にさせないようでいて自由にさせることは、お互いに傷つきあうのを減らし、お互いの存在に感謝できる方法です。

「愛していたんじゃなくて、必要だっただけ」という間違い

結婚生活を送っていると、「あの人にとってわたしはどんな存在なんだろう?」という疑いが生まれるのは一度や二度ではありません。

「俺はお金を稼いで渡すだけの機械か?」とか、「わたしはご飯をつくって洗濯をする家政婦なの?」などなど、日常に疲れて疑念や被害意識が心に押し寄せてくるときがあります。

恋人から夫婦になり、一緒に生活をするようになると、大小の解決すべきことが待っています。

ふたりが一緒に暮らすためには、だれかが稼がないといけないし、だれかが食事・洗濯・掃除などの家事をしなければなりません。それまでは両親がすべてやってくれていたので、じっくりと見たことはなかったけれど、実際にやってみると簡単ではないことがわかります。

ロビン・ウィリアムズが家政婦に変装した映画『ミセスダウト』は、子どもっぽい夫が離婚後になってようやくよい夫、よい父親とはどうあるべきかを理解していく過程を、コミカルに描いています。

自由奔放で天真爛漫なダニエルは、いつも奇抜な遊びで子どもたちを楽しませ、妻を深く愛しています。

しかし、彼は子どもたちとひとしきり遊んだあとは、後片付けをだれがするのか、家長の役割まで引き受けている妻の気苦労がどれほどのものかなど、まったく関心がありません。

そんなある日、我慢できなくなった妻から離婚を切り出されます。

離婚後、女装をして自分の家の家政婦として就職したダニエルは、ようやく妻がいままでどれだけ大変だったか、さびしかったか理解しはじめます。

いまさらながら自分がどれほど幼く、利己的だったかがわかり、後悔していると妻に伝えますが、すべてがもう元に戻れなくなっていました。

生活の大変さを相手のせいにしてしまうのは未熟なこと

映画にもあるように、**ひとりの人間が楽しむには、その裏で支えてくれる別の人の犠牲が必要です。**幼いときの遠足で、子どもたちは楽しむだけなのに、その裏では早朝から子どもの弁当やカバンの準備をしてくれるお母さんの苦労があったのと同じです。

ところが、幼いころから母親が世話をしてくれるのが当然の環境で育ってきた人たちは、実際に結婚生活が始まると、幸せは誰かがつくってくれるものではなく、なんらかのかたちで努力をしなければ得られないことをつきつけられます。

問題は、**退屈でつまらないことが毎日繰り返されるので、やりがいを感じられないことにあります。**

そのため、こんなに大変な思いをしているのに、それをわかってくれない相手が冷たく感じられ、本当にわたしのことを愛しているのだろうか、ひょっとして楽をしようと思って結婚したのではないか、と疑うようになります。

しかも、こうした仕事に不慣れの場合はもっとつらく感じられて、だれかがこっそりとやってくれればいいのに、という思いが脳裏をかすめます。

愛しているなら、わたしのお母さんやお父さんがやってくれていたみたいに、楽をさせてくれるべきだ、と自分勝手な発想をするのです。

そうしているうちに、仕事の分担で摩擦が生まれます。

愛とは自分が生きるために相手を必要とする感情や行為だというのは、ある程度認めるとしても、**際限なく要求ばかりする愛は未熟な愛です。**

わたしが幸せなら当然相手も幸せだろうという錯覚を捨てましょう。

本当の愛は思いやりを土台に成長します。

相手の気持ちを傷つけないように、相手が苦労している部分を分かち合おうと努力さえすれば、日常の退屈でつまらないことに邪魔をされずに、幸せを培っていくことができます。

今が不幸だから、別の相手を夢見るようになる

選ばなかった道への悔いは、だれにもあります。

とくに現状を不幸だと感じている人ほど、その思いが強いことでしょう。

しかし、そんな思いを抱きつづけていると、**幸せになる可能性をしりぞけてしまった自分が愚かに思えてきます。同時に、現在の不幸を耐えていくのが難しくなります。**

可能性と現実のあいだにある葛藤は結婚生活にも当てはまります。

結婚とともに恋愛時のロマンチックさは消え失せ、繰り返される日常と経済的プレッシャーにあえいでいると、愛していた記憶はぼんやりとしか思い出せなくなり、配偶者の無能で気に入らない部分が、さらに我慢できなくなります。

さらに時が経つと、配偶者は不幸の原因となります。

そうなると、両親の束縛から救い出してほしいといまの配偶者に望んだように、今度は**結婚という不幸と監獄から救い出してくれる別の相手を夢見るようになります。**

さびしさから逃れようと結婚したのに、配偶者を見ながらもっと深いさびしさに襲われ

る時期があります。

そうなると、過去に付き合ったか、好感を持っていた人たちのことが頭に浮かび、その人たちのブログやSNSをひんぱんに見に行くようになります。

あるいは、同じ職場で毎日顔を合わせる同僚に個人的な悩みを打ち明けて、恋に落ちることもあります。配偶者に理解してもらいたいし、思いやってほしいのに叶わない欲求が満たされ、愛が燃え上がるのです。

配偶者をもし変えても、あなたが変わらない限り問題は繰り返される

いわゆる「不倫」は、その言葉が持つ重さに比べると、いとも簡単に始まります。秘密めいているのでさらに熱く刺激的で、ふたりの関係は愛に対する夢だけを共有するため、いっそう甘く、なかなか手放せないものになります。

ところがよく考えてみましょう。

いま恋に落ちたばかりのその人と日常を一緒に過ごしたとしても、はたして幸せでいられるでしょうか？

いまは自分に気を遣ってくれ、理解してくれますが、ともに生活するようになると、またつまらないことで衝突し、喧嘩をするようになるのではないでしょうか？

もしも、その人と結婚生活をしていて、後に現在の配偶者に出会っていたとしたら、どうだったでしょうか？

相手が違うだけで、同じことが繰り返されたのではないでしょうか？

まったく同じように結婚生活で失望した部分をほかの人で埋め合わせしようとしたのではないでしょうか？

結婚生活を不幸にするもうひとつの要素に、配偶者をほかの人と絶えず比較する癖が挙げられます。

いざひとりを選んで結婚をしてみると、ほかの人を選んだほうがよかったような気がして、思わず比較するようになるのです。

「隣家の旦那さんは稼ぎもいいし家庭的なのに……」、「キム課長の奥さんはやりくり上手だし、愛嬌もあって満点なのに……」ともし言われることがあれば、あなたは「わかったから、その人を連れてきて一緒に暮らしなよ」と強気に言い返すでしょう。しかし、**配偶者よりも「よく見える人」は、その見えている姿がすべてではありません。**その人物が家で配偶者に対して、どのような態度を取るのか、だれにもわかりません。

それでも、**しきりに配偶者の欠点を目にして、あなたの選択に深い悔恨が押し寄せてくるのであれば、しばらく視線を自身に向けてみる必要があります。**

配偶者を別人に変えようにも、あなたが変わらない限り、似たような問題が繰り返されるはずだからです。何度も同じような理由で離婚した人たちがそうであるように。

そして、もしあなたがいま誘惑に心ゆらいでいるのであれば、もしかしたら、選ばなかった道を見ようとして、目の前に咲いているきれいな花々を見逃しているのではないか、一度見つめなおしてみましょう。

「あんたが死んでしまえばいいのに」

だれが言ったかはわかりませんが、妻が死んだら夫はトイレでほくそ笑む、という言葉があります。

その姿を思い浮かべるだけで鳥肌が立ちます。憔悴した顔で弔問客を迎えていた男性が、ひとりでトイレに入って笑う姿……。

この話はおそらく結婚の日常にうんざりし、心のなかで妻が死んでしまえばいいのに、と思っている男たちの想像から始まっているはずです。

しかし、妻たちもおとなしくしているだけではありません。酒を呑んで夜遅く帰ってきた夫が眠っている家族を起こして大騒ぎをすると、妻は背を向けて横になったまま、こう考えるかもしれません。

「あんたが死んでしまえばいいのに」

ある瞬間、結婚生活が監獄のように感じられることがあります。

そんなとき、わたしたちは小言を言う人も、仕事を命令する人もいない心休まる世の中を夢想します。さらに、相手がそっと去ってくれるのを望むこともあります。

しかし、本当に不思議な関係が夫婦です。

死んだらいいのにと思っていた夫がいざ連絡なしに数日間いなくなるだけで大変不安になるし、ある日、後ろ姿すら見たくなかった妻が病に倒れると、ひとり取り残されるのではないかと突然におじけづいたりします。


オー・ヘンリーの短編小説『振子』は、そんな結婚生活の不可思議な側面を面白おかしく描いています。

主人公のジョンは、職場から帰宅すると妻と夕食を食べ、ふたたび外出して友人たちとビリヤードを楽しんでから帰宅する、というのが基本的な日常パターンの男性です。妻がそのときどきに発する小言は、彼の冷めた日常を一層つまらなくさせます。

ところがある日、ビリヤードを終えて家に戻ると妻がいません。

時間が経つにつれて、彼はだんだんと不安になります。

実は妻がいない生活をただの一度も考えたことがなかったのです。彼の生活のなかに空気のように溶け込んだ存在の妻でしたが、彼はそのありがたさがわかっていませんでした。

彼を縛っていた結婚という鎖は、妻の不在によって解けますが、彼はなにひとつ自分ではできません。

妻をひとり残してビリヤードばかりに興じていた自身を責めはじめたジョン。

そのとき、実家に戻っていた妻が、なにごともなかったようにドアを開けて入ってきます。一瞬ためらったジョンは、時計を見て立ち上がります。まだ友人たちがビリヤード場にいる時間！

妻の不在によってようやく妻の存在感に気づきますが、ジョンは**妻が戻るとすぐにすべてを忘れて、ふたたび自分勝手な日常に戻るのでした。**

配偶者となんでも「ともにおこなう」ことに価値がある

わたしたちはこの小説を通して、夫婦が一緒に暮らすことについて考えさせられます。

夫婦とは、性的な欲望、愛されたいという依存的な欲望、攻撃性、強欲さ、嫉妬、子どものように幼稚なわがままなど、自分のすべてを相手にさらけ出す関係です。

ところが、生存と幸福のために互いが切実に必要なため、かえって配偶者によって束縛され、コントロールされていると感じやすいのです。

そのため、ときどきひとりになり、自由でいたいと思うのですが、実際にひとりになると話が変わります。

もちろん最初はひさしぶりの自由が新鮮な空気のように感じられ、まるで監獄から釈放されたような気分になります。

しかし、こうした気分は束の間で、一日、二日と過ぎると、そわそわしているのに気づくのです。ひとりで食べる食事はおいしくないし、好きなテレビ番組を好きなだけ観ることができるのに、なんとなくつまらなく感じられます。そして、こんなひとり言をつぶやくのです。

「あんなにうんざりしていたのに、胸に穴が開いたような感じがするのはなぜだろう？いつもの小言が聞きたいのはなぜだろう？」

夫婦の仲を維持し親密にするもっとも大きな力が、この「ともにおこなう」ことだからです。

ひとりでおこなう経験は瞬間的なことが多いですが、**配偶者とともにおこなった経験とそのときの感情はふたりのあいだで共鳴し増幅します。**

それだけでなく、その経験を配偶者とともに記憶しているという事実は、実在の経験であるとの確信を与え、その記憶に生命力を吹き込んでくれます。

「喜びは分かち合えば二倍になる」という言葉のように、感動も分かち合えば共鳴し増幅します。そして心に刻まれるのです。

あなたのつまらない習慣さえも知っている人、知りながら我慢してくれるだけでなく愛してくれる人、ゆえに人生の歴史を一緒に歩んでいる人、いまの経験を共有しその経験に意味と生命力を与えてくれる人、その人こそがあなたの配偶者です。

なんでも「ともにおこなう」だれかがいるということ、それこそが人生における最大の祝福ではないでしょうか？

それでもわたしたちが愛する理由

もしかすると人生は、ヘミングウェイの『老人と海』（高見浩、新潮社、2020年）に登場する老人が一日も欠かさずひとりで荒海に出て行くように、苦行の連続なのかもしれません。

さらに、老人のように3日間の死闘のすえに大きな魚を捕らえても、ほかの魚に身を食い尽くされて無残に骨だけになった魚を引きずって、海岸に戻ることになるかもしれません。

人生の最終章で、無残に骨だけになったわたしたちの心を慰めてくれるのは、はたしてなんでしょうか？

人生の最後の瞬間に持っていきたい記憶があるとしたら、なにを選ぶでしょうか？

学校でいちばんになったときの記憶？

仕事で成功したときの記憶？

宝くじに当たったときの記憶？

いくらうれしくて輝かしい記憶があっても、死を前にしたときの慰めになるでしょうか？

むしろ、死にゆくわたしの横で、恐怖にがたがた震える手をぎゅっと握ってくれる人がいれば、そして耳元で「愛している」とささやいてくれて、わたしも「愛している」と伝えられる相手がいれば、そのときがわたしの人生が完成する瞬間になるのではないでしょうか？

愛する人たちとの記憶は、死への恐怖を和らげる手助けになります。

なぜなら、愛についての記憶は、自分が大切な人であったことに気づかせてくれます。また、命よりも大切なくらい愛した人との記憶は、自己超越的な経験をもたらしてくれるため、死の恐怖を超越する助けともなります。

そのうえ、死にゆくわたしの横に愛する人がいるならば、生きた甲斐があったと安堵感を抱けます。

多くの関係の中で、もっとも人生を価値あるものにしてくれるのが愛

人間は、関係のなかから生まれ、関係のなかで暮らしていきます。死とは生きているあいだに結ばれた関係の結び目をほどき、人生という舞台から去っていく老俳優のようです。

老俳優を愛した人たちが訪ねてきて、徐々に下がってくる幕を名残惜しく眺めながら、舞台裏に消えていく老俳優に心からの愛情とお別れの拍手を送り、彼のつらい演劇人生を完成させるのです。

わたしたちの人生も同じです。

日々の生活のなかで結んできた数多くの人間関係によって、どのように死を迎えるのかが決まります。

「朝は4本足、昼は2本足、夕は3本足で歩く動物はなにか?」

オイディプスに出された有名なスフィンクスのなぞなぞです。答えはもちろん「人間」です。

この問答には人生に必要な関係についてのメタファーが隠されています。人間は幼いときは一切を他人に頼り、他人に助けられながら成長し、成人後は独立して堂々と両足で人生を歩み進んでいきます。しかし、年を取ると他人なしには生きられない自分に気づき、他人の片方の脚に寄りかかり生きていくのです。

これがわたしたちの人生の美しさです。

多くの関係を結んでいくなかで、わたしたちをもっとも幸せにし、人生をもっとも価値のあるものにしてくれる関係が愛です。なかでも男女の偽りのない愛は、この地球上で経験できる最上の幸福と天国を与えてくれます。

愛は、ひとりで生きていくには弱すぎる人間が発達させた、もっとも高貴な感情です。

内的・外的な誘惑や危険から自分たちの関係を守ることで互いの結束を強めるとともに、互いに心を開いて親密で深い出会い（encounter）を可能にします。

愛はまた、人生を新たな段階に進ませてくれます。

なぜならば、いままでわたしを身動きできなくさせていた心理的障壁やタブーを取りのぞく可能性があったり、または子どものころにできなかったことを学び、身に着けることのできる機会を与えてくれたりするのが愛だからです。

愛はわたしたちを成長させます。**愛があるからわたしたちは過去の傷を克服でき、過去から解き放たれ、思うがままに本当の自分を見つけて前に進んでいけるのです。**

不幸な恋愛であっても、人を愛さないよりはまし

ところが、愛は場合によって天国ではなく地獄を見せることもあります。地獄とまで言わなくとも、愛は人々に期待、歓喜、幸福を約束するだけに、失望、傷、不幸を与える可能性をはらんでいます。

なぜならば、愛ほど切実な感情はないだけでなく、愛し合う恋人同士ほど親密な関係もないからです。切実であればあるほど失望も大きく、親密であればあるほど傷つけあう可能性も高いものです。

それでもわたしたちは恋愛をします。

ジム・キャリーが熱演した映画『エターナル・サンシャイン』は、傷つけあったすえに別れた恋人たちが再会し、また恋に落ちる映画です。

別れたとき、そのつらさから、ふたりは相手に関係した記憶をすべて消し去る脳神経手術を受けます。しかし、なんだかわからない力に引かれて、ふたりはなじみの場所で再会します。そして、昔と同じように互いに惹かれあいます。

ところがふたりがまさにこれから付き合おうとしたとき、愛し合っていたのにひどく憎しみあって別れた過去があったことを知り、とまどいます。

先に逃げたのは女性のほうです。彼女はかたくなに彼を拒みます。

「あなたはすぐにわたしを嫌いになるだろうし、わたしはあなたに退屈するようになる」

そう言うと、ふたりの愛を運命だと信じて戻ってきた彼がこう答えます。

「それでも、いいよ……いいんだよ」

彼が「いいんだ」を繰り返しながら彼女を慰めているあいだ、彼女の顔は徐々に明るくなります。

映画のなかでもっとも記憶に残る場面として、観客が挙げるのがそのシーンです。わたしもそうでした。**過去にそうだったように、またつらい思いをするかもしれないけれど、いまは愛し合おうというメッセージが胸を打ちます。**

『私の生涯でもっとも美しい一週間』という映画も同様です。

この映画は7つの話からできており、わたしたちの人生に楽しいことがあるのは一瞬で、山を越えてもまた山の連続ではあるけれど、愛することができるから美しく、愛することができるから幸いなのだ、と伝えます。

そしてニーチェが残した名言が、この映画のテーマを飾ります。

「何度でもふたたび！　ぞっとするような人生よ！」

生きているあいだに、だれかと天国にいるような愛を経験したならば、その人はとても幸せな人でしょう。

ある人は一度でそんな愛に出会い、またある人は何度目かにようやく出会います。またある人は、そんな愛を求めてさまよいつづけます。

いずれにせよ、不幸な恋愛であっても、人を愛さないよりはましです。

この世に完璧な愛はありません。完璧な現実もありません。すべては流動的です。**しかし、愛がわたしたちを成熟させ、人生を完成させるのは変わらぬ事実です。**

人の心の中には何があるか？　愛
人に許されていないことは何か？　死
人は何で生きるのか？　愛

――トルストイ『人は何で生きるか』から

Chapter

05

ベストを尽くしたから、あなたは正しい

決意を固めるほど成功できます

無表情な審査員3人。そのうちのひとりが興味なさそうに質問を投げかけました。

「なんの曲を歌いにいらしたんですか?」

出場者は平凡な見た目をしています。

いいえ、正直に言えば平凡ではありません。

さえない顔立ちに、みすぼらしい背広、丸いお腹。そのうえ、前歯まで折れています。

「オペラを一曲、歌います」

緊張しきった出場者が短く答えると、歌の前奏が流れはじめます。

オペラ『トゥーランドット』のアリア「誰も寝てはならぬ」です。もちろん、彼に注目している人はだれもいません。

しかし彼が歌いはじめると、審査員たちは信じられないとでも言うように、姿勢を正して座り直します。前半のかなり深みのある声で歌う部分から、安定したビブラートの高音で歌う後半のハイライト部分になると、観客は立ち上がって一斉に拍手を送ります。歓声とどよめきが起きるなか、感動の涙を流す観客もいます。

これは実話ですが、その出場者はイギリスのウェールズの一都市で携帯電話のセールスマンとして働いていた36歳のポール・ポッツです。

ぱっとしない外見、つかえがちな話し方のせいで幼いときからいじめられていた彼の夢は、歌手になることでした。しかし彼を受け入れてくれるところは、どこにもありませんでした。

夢を叶えるために必死に努力する彼に、運命はつらい試練だけを与えます。悪性腫瘍で大手術を受け、オートバイ事故にも遭い鎖骨を骨折しました。

ついには日々の生計を維持することさえも難しい状態になってしまいますが、歌手になるという夢だけは決してあきらめませんでした。

その結果、彼はイギリスで一般人たちのスター登竜門として有名な番組『ブリテンズ・ゴット・タレント』に出演し、優勝を手にします。賞金として10万ポンドを受け取り、大会が終わるとすぐに、辛口コメントで有名な審査員であり、大型のレコード制作会社を運営するサイモン・コーウェルと、百万ポンドのレコード契約を結びます。

デビューアルバムは、UKチャートで1位になり、発売から2週間で30万枚を売り上げました。彼の感動的な話は一瞬にして全世界に広まり、1週間で1000万人のネットユーザーが動画をクリックしました。

いまや彼は、今後3年のスケジュールがすべて埋まっている、世界でもっとも忙しいオペラ歌手のひとりです。

だれもが彼をあざわらいましたが、彼は36歳で堂々と夢を実現しました。

年を重ねて得たたくさんの長所によって、叶う夢もある

大人になって大分たつと、突然に人生の方向転換を図るのは簡単ではありません。**ほかの人たちがすでに進む道を決めて全力で走っているのに、いまさら新しい夢を抱くなんて、無謀な挑戦のようにしか思えないからです。**早々と夢をあきらめて生きてきた先輩たちは、惑う人にこう言います。

「いいかげん、もう夢から醒めろよ！　その年でいつまで夢を追ってるんだよ？　夢を追って生活できるか？　目の前にある仕事をがんばれよ。それすらろくにできないのに……」

彼らの言葉がまったく間違っているわけではありません。大人になって新しいことを

やってみようと挑戦したところで、受け入れてくれるところはほぼないのが現実なのですから。

しかし、不可能ではありません。何歳になっても、新たな夢に挑戦できます。

他人の人生だからと、決して適当に言っているわけではありません。事実、年齢を重ねたことによるたくさんの長所によって、挑戦は可能になります。

まず、そのため理想に偏りすぎず、より現実的な夢をみるようになります。

現実的な自分の限界がわかるため、現実に合わせて夢を調整できるようになるのです。

高校時代を思い出してみましょう。苦労のすえに大学に受かったら幸せが始まり、大学に落ちたら人生も終わりだと考えていたかもしれませんが、はたしてそうでしたか？

大学に受かっても、また別の競争の世界が待っていたし、大学に落ちても生きていける道は多くありました。大学に落ちてから、本当にやりたいことを見つけた人もたくさんいます。

つまり、わたしたちは若い時代を経て「all or nothing」の白か黒かという論理を離れ、

人生においてベストでなければセカンドベストがあり、失敗は必ずしも終わりではないということがわかり、失敗を受け入れられるようになります。

前述のポール・ポッツも「決勝で落ちたら、また携帯を売ればいいんだ」という思いか

ら、「失敗するかもしれない。でも、後悔しないようにベストを尽くそう」と、舞台に上がって思いきり技量を発揮することができたのです。

もし彼が「これに失敗したら、自分は終わりだ」と考えていたら、だれも彼に注目していない雰囲気のなかで、失敗するかもしれないとさらに緊張していたかもしれませんし、そうなっていたら実力を百パーセント発揮できなかったかもしれません。

一方で、年を重ねることのもうひとつの良さは、脳の機能が徐々に発達して統合力が高くなるということです。

統合力が高くなると、世の中をもう少し包括的かつ総合的に見ることができます。そのため仕事もそれ以前のように場当たり的におこなうのではなく、全体を見渡した長期的な視点でおこなっていけるようになります。

若いころの情熱で始めた仕事が失敗するケースが多いのに比べて、中年以降に緻密な計画を立てて始めた仕事が成功する確率が高い理由は、まさにこのためです。

また、**年をとると、人生がさほど長くないことをだんだんと皮膚で感じるようになります。**

時間に対するこうした認識により、自分が好きなことに脇目もふらずに没頭できるようになります。**年を重ねることのよさは、心から好きなものがなにかがわかり、どのように生きればこの短い人生を真に価値あるものにできるのか、省察できることです。**そのため他人と競争して勝ったとしても、それが自分にとって意味がなければ虚しいという事実を悟るようになります。

このように自己の能力と限界を知り、真に望むものを見つけ出すことができ、夢を現実と上手く擦り合わせることができる能力は、若いときには身につけることのできない能力です。

大きな夢に挑戦する人たちが共通して言うこと

『ハリー・ポッター』シリーズでイギリスの女王よりもお金持ちになったと言われている作家、J・K・ローリングが『ハリー・ポッター』（松岡佑子訳、静山社、１９９９年）の第1巻を発表したとき、彼女の年齢は32歳でした。よく知られているように、出版前は生活保護を受給していたほど生活に困窮しており、離婚後にひとりで育てていた赤ん坊の預け先もなく、仕事も見つけられませんでした。

しかし、彼女は絶望せずに黙々と原稿を書いたのです。

なぜならば、若いころ失敗で終わるだけだった数々の職場生活で得た経験から、**自分の才能が文章を書くことにあるとわかっていたからです。**

いちばん好きで、いちばんうまくできる仕事を見つけた彼女にとって、過去の人生に対する後悔はありませんでした。結婚に失敗し、職場生活が失敗に終わっても、彼女にとって問題にはなりませんでした。

ひたすらベストを尽くして書きつづけた彼女は、ついに人生の大逆転を果たしました。

ですので、決して若くなくても、なにか新しいことを始めるのに遅くはありません。いいえ、すべて失っても、新しいことは始められます。

『30代でしなければならない50のこと』（ダイヤモンド社、1997年）がベストセラーになった中谷彰宏氏は、8年間勤めた会社を辞めることで30代を始めました。

「辞めます」

上司に、そう言った日が、僕の人生最良の日になりました。僕は、うれしくて、うれしくて、笑いが止まりませんでした。

まだ同僚には言わないように、と口止めされていたので、言えませんでした。

でも、笑顔を隠すことはできなかった。
心の底から笑いが込み上げてきていました。

どんなことでも、いつ始めたかは重要ではありません。

どれほど情熱を注ぎ、どんな準備過程を経て、どんな気持ちで始めたのかが大切です。中谷彰宏氏のように、心の奥深くから聞こえる声に従ってなにかを決めたのであれば、過去を振り返ってはいけません。

これは大きな夢に挑戦する人たちが共通して言うことです。

全羅南道の小さな島、莞島《ワンド》で生まれ、米国PGAツアーを席巻したプロゴルファー、崔京周《チエ・キョンジユ》。彼のニックネームは「タンク（戦車）」です。

いつだったかインタビューで、彼は自分のニックネームがとても気に入っていると話していました。その理由は「タンクは後ろには進めない兵器」で、彼自身も一度決めた道は振り返ることがないからだそうです。

とてもドラマチックに夢を叶えたポール・ポッツも言っています。まず夢を叶えるためにベストを尽くしたあとは、振り返ってはいけないと。

大人になってから以降に本当にやりたいことがなにかわかったのであれば、夢を見るのを恐れてはいけません。

本当に好きなことで成功したくて、その望みを行動に移すのであれば、そして失敗を恐れなければ、夢は間違いなく叶うはずです。

たとえ歩む道が険しく、ときにはつまずいて怪我をしたとしても、人生における成功とは夢を見る人だけが手に入れることができる賜物です。

もっと熱くて切実な恋愛ができる

新聞記者のJさんは、イベントに参加するように週末にときどきブラインドデートに行きます。しかし、そんなふうに出会った女性と3か月以上付き合ったことはありません。とくに相手の嫌な面が見つかったわけでもないのですが、これといって好きになる理由も見つけられないのです。それで、ずるずると会っているよりは、すっぱりと終わらせたほうがいいと思い、付き合うのをやめてしまうだけです。

そうやっていると、周囲の人たちが聞いてきます。

「いったいなにを期待しているんだい?」

さて、僕はなにを期待しているんだろう？ Jは静かに自問します。

まさか初恋のような感情？ いや、そんな感情は数年前にきれいに整理してあきらめたんじゃなかったっけ？ 若いころの花火のような愛はもはやない。期待なんてしないよ。

いわゆる老チョンガー*、オールドミスの仲間入りをすると、人々は情熱的でロマンチックな恋愛は終わったと考えます。

すでに恋愛の1、2回はしているし、その結末のほろ苦さも味わっている彼らは、愛に対して悲観的で冷笑しがちです。愛を信じられないだけでなく、心のなかの情熱も冷めきってしまったと思っています。そのため、愛に胸を痛めている後輩たちにこんなことを言ってのけます。

「恋愛、恋愛って、なに言ってるの？ 目立った欠点もなくて、とくに嫌なところがなければいいんだって。どの人もみんな似たり寄ったり。そんなに違うわけないんだから」

それもそのはずで、彼らは大恋愛のすえに結婚をしても、互いに憎みあって離婚をするカップルを山ほど見てきました。離婚こそしていないものの、離婚したのと変わりないカップルもたくさんいます。こうしたことを目にしたり、体験したりしていると、あらゆることに無関心になり、人生をすべて生きたような気さえします。

＊訳注／日本語でも使われるチョンガーは韓国・朝鮮語が語源で、「独身男」を意味する。老チョンガーは「年がいった独身男性」の意

だからと言って、彼らが恋愛になんの期待もしていないと考えるのは間違いです。愛に対して冷ややかなのは、これ以上恋愛で傷つきたくないからです。むしろだれよりも心の奥深いところで愛を求めています。**問題は、愛にあまりにも理想を求めすぎることです。**そのため最後は愛に絶望しやすいのです。

ただ、彼らが望むような理想的な愛などありません。

年を取ってからの恋愛の方が、より お互いを大切にする

しかし、幸か不幸か愛という感情は一生老いることがありません。情熱的な愛情もまた、何歳になっても冷めません。70歳を越えた老人も、思春期の少年のように愛にときめくのです。

愛の情熱が心に残した火種は、いつでも、どこでもふたたび一気に燃え上がります。あることがきっかけでこの火種に酸素が供給されると、火種が力強く燃えはじめます。

一般的には年を重ねると愛にも関心がなくなると言われていますが、**実際は年を取ってからの恋愛は、より情熱的に燃え上がります。**

なぜでしょうか？

それは、年を取るということは、生きてきた年月だけの経験が、わたしたちのうちに蓄積されているということだからです。

わたしたちは数多くの直接的、間接的な経験により、人生のさまざまな面を理解するようになります。また、わたしたちのうちにある多くの矛盾と闘いながら、世の中の人たちの理不尽な面にぶつかりながら、人間の欲望と限界を理解します。**欲望を楽しみ、人生の活力としてとらえる力も手に入れるのです。**

そのため、年を取ると欲望により正直に、忠実になり、たじろがなくなります。**自分が望むことを相手に正直に求め、相手が望むことを自然と受け入れ、喜びを分かち合って幸せな瞬間をつくっていくようになります。**ですから、年を重ねてからの恋愛は情熱的にならないわけがありません。

一方、年を重ねると、以前の恋愛経験から、愛の危険な罠に陥らない方法を身につけます。愛の限界がわかっているので相手に過大な要求をしませんし、ようやく出会った相手の大切さもわかるので、**以前よりも相手に気を配りながら、互いが切実に望む深い愛情を分かち合うようになります。**

もうひとつ、**年を取ることのよい点は人を見る目が養われることです。**

長年にわたり数多くの人と付き合ってくると、それぞれの違いを把握する力が少しずつ育ってきます。**少なくとも相手が自分に合う人なのか、相手の意図がなんなのか、自分なりに把握できるようになり、間違った相手や恋愛に走ってしまう危険性がずっと減ります。**

もしロミオとジュリエットが10代でなくもっと大人だったならば、どのように話が展開したことでしょうか？　社会的・経済的な独立が可能な彼らは、彼らたちだけで十分に愛を成就させられたことでしょう。

反対する家から逃げるためにわざわざ神父様に助けを求める必要もなかったし、死んだふりをしなくてもよかったはずなので、誤解による悲劇的な死も防げたことでしょう。

もちろん、価値観と感情的に惹かれる点とのあいだで葛藤したとは思われますが、彼らの愛がもたらす波長についてさらに深く考え、愛を成就するために現実的な方法をもっと模索したはずです。

つまり、10代のロミオとジュリエットのように盲目的になり、愛の熱病にみずから燃え尽きるようなことはなかったはずです。

経験と包容力が増す恋愛を楽しめるはず

しかし、こうした特性によって、年齢を重ねてからの恋愛は始めること自体が難しくもあります。**恋愛を始める前に、内的な葛藤を克服しないといけないからです。**

恋に落ちたというのに、あれこれ現実的なことを悩む自分を「俗物」と卑下する必要はありません。責任に対する意識が高まっていく年齢なので、責任を負うことができる恋愛に悩むのは、むしろきわめて当たり前のことです。

年を取ってからの堅実な現実感覚は、若さによる無謀さと愛の盲目さから身を守り、恋愛を以前よりも実現可能なものにしてくれます。

愛はいつでもわたしたちのところに訪れます。

そして、これまで見てきたように、年を重ねると年輪のように経験と包容力が増すので、より熱く燃えるような恋愛を楽しめるようになります。

ですから、年を取ってしまったと、愛に悲観的になる必要はありません。早々とあきらめたり委縮したりする必要もありません。

大人になったあなたは以前よりも魅力的で情熱的なうえに、安全に恋愛をすることができます。いままでの経験から学び、心から愛を求めさえすれば。

「幸せな人」には親しい人が必ずいる

現代社会はイメージの時代です。

人々は幸せを感じることよりも、他人の目に幸せに映ることにこだわります。カメラの前に立った俳優のようにいつも笑顔を浮かべ、幸せを演じるのです。

しかし、幸せを演じれば演じるほど心のうちで虚しくなり、胸にぽっかり空いた穴を埋めるために、さらに強迫的に幸せに執着するようになります。

そのためか幸福感と快楽を混同することがあります。

事実、もっとも強烈な幸福感は、本能的なものがまったく制限なしに満たされたときに訪れます。

しかし、このときに得られる恍惚感は、残念なことに花火のようにすぐ消えてしまいます。花火が消えたあとは暗闇がさらに深く感じられるように、強烈な感情が去ったあとは、さらに大きな虚しさが襲ってきます。

この無力な虚しさから逃れようとして、人々はさらに強烈な感情を欲しがり、もっと強い刺激を求めてさまようのです。

幸せは見せるためのものではありません。他人の目にどう映ろうとも、自分が幸せだと感じることが最優先であるべきです。

これに関連して、興味深い調査結果があります。『ロンドン・タイムズ』で、もっとも幸せな人の定義を読者から募集し、順位を決めたことがあるそうです。

1位は砂の城を完成させたばかりの子ども、2位は子どもを入浴させた直後の母親、3位は緻密な工芸品を作り上げて口笛を吹く木工職人、4位は難しい手術に成功し、命を救った医師でした。

この結果を見れば、わたしたちが幸せを感じる瞬間は、**自分がすべきことをした瞬間、または自分が他人にとって重要な存在だということを感じるときだとわかります。**

これを裏づけるもうひとつの研究結果があります。

ロンドン大学のフォードサビ博士の研究チームは、人生の満足度を「悲惨」から「幸福」まで7段階に分けて、1万人にアンケート調査をおこないました。

その結果、人間をもっとも幸せにするのは、**友情と充実した人間関係だとわかったのです。**

この結果を裏づけるように、歴史的・世界的に優れた成功をおさめた人たち、大きな逆境を乗り越えてきた人たち、また、人生に高い満足感をえている人たちには**必ず彼らを信頼し支える、愛する親しい人たちとの関係がありました。**

決意を固めるほど幸せになれます

幸せのもうひとつの問題は、幸せだと感じる時間が短い点です。

幸せな瞬間はすぐに過ぎ去り、またいつもと同じ日常が訪れます。

しかし日常とは、さほど幸せでもなく、不幸でもない淡々とした時間で成り立っています。だれもがつねに幸せなわけではなく、どんなに幸せでもきわめて平凡な日常を迎えるものです。

だからといって、退屈な日常を不幸だと考えて、なにか別のことをやらなければと強迫観念を持つ必要はありません。

幸せになろうとするならば、むしろうっ屈とした時間をうまく耐えなければいけません。

これに対して冷ややかな人たちはこう言うかもしれません。

「幸せかって？　幸せは迷信で誘惑だよ。瞬間的に過ぎ去る夢みたいなものだ。幸せな瞬間が終わると、また面倒な日常に戻るんだ。俺たちの人生なんて、幸せを求めてさまよっているうちに、結局は自分たちが不幸だって気づく過程に過ぎないんだ」

もしあなたもそう考えるのであれば、考え方を変えましょう。わたしたちはもっと積極的に幸せになることができます。もし幸せを切実に望んでいるとしたら、ですが。

『ザ・シークレット』（山川紘矢他訳、角川書店、２００７年）という本でロンダ・バーンは、数世紀にわたり成功と富を築いた人々の共通点を調べ、宇宙には「引き寄せの法則」が存在するという事実を発見しました。

望むものに対してわたしたちが積極的に集中すれば、どんなことでも実現します。反対に、望んでいないことを頻繁に意識したり考えたりしていると、本当に起こってしまいます。つまり、肯定的な内容でも否定的な内容でも、考えつづけてさえいれば、宇宙から引き寄せられるので実現するというのです。

じつはわたしもこれに似たような現象を精神分析の治療過程で頻繁に経験しました。過去の特定の記憶のせいでつらい思いをしている患者が、**その悩みを打ち明けて相談を**

していると、患者のまわりでそれに関連したことが必ず起きたのです。

ひとりの女性患者が、幼少期に病気をしたときに両親が看護もしてくれず面倒がったという話をしていた過程で、彼女の子どもが突然病気になりました。

彼女はそのとき、心をこめて子どもの面倒をみました。**彼女自身が幼いころに両親にしてもらいたかったことを子どもにしてあげることで代償満足を得たのです。**また、子どもの面倒をみているとときどきしんどかったり、苛立ちを覚えたりするのを体験しながら、自分の両親がどんな心境だったかがなんとなく理解できるようになりました。

わたしが本を執筆していたときも同じようなことがたくさん起こりました。

数年前、愛に関する本を書いていたときのことです。

１年以上にわたり愛に関するあらゆる書籍や論文を読んでは原稿を書くという生活を送っていたのですが、そのころ、不思議なことに愛情問題で悩む患者が一気に増えたのです。70歳を越えたおじいさんも愛情問題で病院を訪ねてきたくらいです。

このような現象は翌年になって憂うつに関する本を書いたときも続きました。わたしが憂うつに没頭すると、今度は憂うつを訴える患者が集まってきました。

このようになにかを心から求めて没頭していると、実際にそうしたことが起こります。

ですから、幸せを心から求めるなら、幸せが訪れるようになっているのです。

不幸になるのを望まないだけでは不十分です。

不幸になるまいとする気持ちに没頭していると、不幸を避けるのにすべてのエネルギーを使い果たしてしまいます。

しかし、幸せになることを望んでいれば、わたしたちの目には幸せになれる道が見えます。それならば、不幸を避けるためにむだなエネルギーを使わなくてもよく、幸せへの近道を見つけられます。

あなたも幸せになれます。あなたが心から幸せになりたいと望めば。

あなたの前には開拓地が広がっています。

心細さや怖さが先立つかもしれませんが、新たな冒険には興奮と期待がともなうものです。

この開拓地に幸せな家を建てるか、不幸な家を建てるかはすべてあなたの選択にかかっています。

もしあなたが些細なことにも幸せを感じられるのであれば、人生には山もあれば谷もあることを認められれば、心から幸せを望むならば、そして世界はつねにあなたが望むことに答えてくれると信じられるのであれば、あなたは間違いなく幸せな家を建てることでしょう。

あなたはいつも正しいのです。ですから思い切り世の中を進んでいきましょう

人はよくこう言います。

「あのとき、あの時代にまた戻ることができたら、こんなふうに生きていないのに……」

しかし、こうした言葉を聞くたびに、わたしは心のなかで思います。わたしは絶対にあの時代に戻りたくない、と。

戻ったところでなにも変わりません。いまの記憶と考え方をすべて持ってあの時代に戻らない限り、いくらわたしがあの時代に戻っても、また同じように生きるしかないはずです。

それが「わたし」だったのですから。

こんなふうに考えるたびに、思い出す患者がいます。

ある日、テヨンさんは右肘の下側が突然に麻痺し、病院を訪ねてきました。神経学的な検査をすると異常はまったく見られず、麻痺の状態も神経学的な所見とまったく一致しません。それなのにテヨンさんの腕はまったく動かず、感覚がないと訴えるのです。

人々は彼が仮病を使っていると思い、眉をひそめました。

しかし、テヨンさんの麻痺は一時的で部分的でしたが、事実でした。

子どもの頃、彼は酒さえ飲めば家族を殴る父親に対して、強い憎しみと怒りを抱いて育ちました。

そんな彼は、数日前、街角で酒を飲んでいた年配の男性とケンカになってしまいました。やたらに近づいてきて文句をつけてくる男性に「ちょっとやめてください」と言いながら振り払おうとしただけなのに、その男性がバランスを崩して地面に倒れてしまいました。男性は「若造のくせに叩くとはなんだ！」とわめき、大げさに痛がるふりをします。

テヨンさんは頭に来て、一発殴りたかったものの、男性が怪我をしたのではないかと怖くなり、殴ることができませんでした。

そのときからです。テヨンさんの腕が動かなくなりはじめたのは。

その当時、テヨンさんの心からは、普段は抑圧している父親に対する怒りがあふれ出ようとしていました。

そんなときに男性が地面に倒れるということがあったので、テヨンさんは自分が父親を傷つけるかもしれないという、自身の怒りに対する恐れと罪悪感が湧き上がったのです。**そんなテヨンさんには自分の腕を麻痺させることしかできませんでした。**もちろん、これらすべての過程はテヨンさんの無意識下で、彼自身も気づかないうちに起きていました。

しかし、テヨンさんの自我の強さと精神構造では、この方法が当時の葛藤を解決するのに最善策でした。

デウォルドという精神分析家は、「患者はつねに正しい」と言いました。患者がいかなる防衛機制を使って、どんな症状を見せようとも、**そのときの患者にとってはそれがベストであったことを認めなければいけないという意味です。**

テヨンさんの場合も同じです。当時、彼が取ることができた方法はいくつもありました。なんとか酔っぱらった男性を振り払ってその場を去ることもできたし、その男性を諭すこともできたでしょう。

また、交番に連れていくこともできました。ところが、テヨンさんはそのどれもできずに、腕を麻痺させたのです。彼が取ることができたベストな方法だったからです。

ですから、テヨンさんには「仮病を使っている」などと非難するのではなく、**そうせざ**

るをえなかった彼の心中を理解し、共感するのが最優先です。

そうすることで、麻痺した腕を正常に動かせるようになるのです。

ベストを尽くしたから、あなたは正しい

あなたも同じです。

過去に失敗や過ちを犯しましたが、いま考えるとありえないような選択や決定をしたため起こったことです。

ふたたびあのときに戻れたら、あんな愚かな選択はしないし、もう少しまともな選択をするのに……。

だれにもこんな後悔はあります。

しかし、よく考えてみましょう。

あのときの選択の根拠はなんだったのでしょうか？

結局そうするしかなかった理由は？

それがあなたなりによく考えて下したものだったのなら、その当時にはベストな決定

だったのではないでしょうか。

もちろん、いまの判断力ではありえない決定なのですが、それもあらゆることを経験してきたからこそわかることなのです。

ですから、過去の過ちにこだわって、後悔と哀れみで月日を無駄に過ごさないでください。そして、いまのあなたの選択と行動が正しいのか間違っているのかは、未来が教えてくれます。

「あなたがいつも正しい。たとえ間違っていても正しい」

『ルイスと未来泥棒』というアニメーション映画で、ロビンソン夫人が主人公のルイスに伝える言葉です。ですから、ロビンソン一家はルイスがピーナツバター噴出器を修理するのに失敗しても、拍手をして歓声を送ります。


たとえ失敗してもベストを尽くしたルイスに拍手を送るのです。

ロビンソン夫人の言葉ではありませんが、あなたもいつも正しいのです。

なぜならば、**あなたはいつもベストを尽くしているからです。**

そして、その瞬間の判断をたとえ間違ったとしても、失敗から学び、前に進めばよいのです。

数多くの成功談を通してわたしたちが学ぶことができる教訓は、「大切なのは失敗ではなく、失敗からなにを学び、前に進むか」です。

小さな失敗は大きな失敗を防ぎます。

一度も失敗を経験していなければ、後に取り返しのつかない大きな失敗に直面するかもしれません。

年齢があなたにもたらす贈り物

あなたがこれまで重ねてきた年齢は、ベストを尽くしてふたたび前に進もうとするあなたへの贈り物となるでしょう。歳月が与える贈り物、それはまさにやりたいことを選べる自由と、みずから人生の舵取りをする能動性です。

まずあなたには、やりたいことを思い切りやってもよい理由があります。

なにも保証されていないし、確実なものはありません。

それでも、両親から経済的、心理的に独立しているあなたは、自由に進みたい道に進むことができます。そして、あなたがなにかを切実に望み、失敗を恐れずに向かっていくなら、夢は叶うことでしょう。

もうひとつ、あなたには自分に対する確信と能動性があります。

アイデンティティを確立したあなたは、これからはみずから状況に合わせて動き、状況をコントロールできるようになり、自信が生まれるとともに自分のことを肯定的に信じられるようになるでしょう。

人生をみずから決め、責任を担える能動的な人間に生まれ変わるのです。

自分自身に対する確信は、不確実な未来を生きていく原動力になります。このように、年齢が与えてくれる確信と余裕のおかげで、あなたは初めて人生を楽しんで生きるようになります。

どんなことでも、あなたの決定と判断が正しいと確信するならば、そして、過ちや失敗を恐れずに、たとえうまくいかなくてもそこから学ぶ準備ができているのなら、あなたの未来はたくさんの可能性に向かって開かれることでしょう。

ですから、あなた自身を信じて、世の中に向かって力強く踏み出しましょう。

なぜならば、あなたはいつも正しいのですから！

【著者プロフィール】

キム・ヘナム

精神分析医。1959年ソウル出身。高麗大学校医科大学を卒業し、国立精神病院（現国立精神健康センター）において12年にわたり精神分析の専門家として勤務。慶熙大学校医科大学、成均館大学校医科大学、仁済大学校医科大学の客員教授、また、ソウル大学校医科大学招聘教授として教鞭を執り、キム・ヘナム神経精神科医院の院長として患者を診た。ベストセラの―『as a person 人間として最良のこと』、『心理学が30歳に答える』をはじめ、『大人になれば大丈夫だと思った』（共著）、『私は本当にあなたのことを愛しているのだろうか？』などの書籍を送り出し、多くの読者の共感を得ている。

五人男女の三番目として生まれ、常に両親の愛情に飢えていた経験を持つ。愛情を独占していたのは仲のよかったすぐ上の姉で、羨望と嫉妬の感情を抱きながら育ったが、高三の時、この姉が突然の死を迎え、衝撃を受ける。医科大学に入学したのは、このときの体験がもとになっている。

【翻訳者プロフィール】

バーチ・美和

1987年に延世大学韓国語学堂に留学・卒業。2021年、韓国文学翻訳新人賞受賞。2022年、共訳書『詩人キム・ソヨン　一文字の辞典』（クオン、姜信子監訳、一文字辞典翻訳委員会訳）が第八回日本翻訳大賞を受賞。訳書に『Mommy Book』（アルク）、『大人でなく30歳です』（サンマーク出版、ニナ・キム）、『月まで行こう』（光文社、チャン・リュジン）がある。

人間として最良のこと
as a person

2023年9月19日　第1版第1刷発行

著者	キム・ヘナム
翻訳	バーチ・美和
発行者	中川 ヒロミ
発行	株式会社日経BP
発売	株式会社日経BPマーケティング 〒105-8308　東京都港区虎ノ門4-3-12 https://bookplus.nikkei.com
翻訳協力	株式会社リベル
ブックデザイン	加藤 京子（sidekick）
校正	加藤 義廣（小柳商店）
編集	中野 亜海
本文DTP	フォレスト
印刷・製本	中央精版印刷

本書の無断複写・複製（コピー等）は、著作権法上の例外を除き、禁じられています。購入者以外の第三者による電子データ化及び電子書籍化は、私的使用を含め一切認められておりません。

本書籍に関するお問い合わせ、ご連絡は下記にて承ります。
https://nkbp.jp/booksQA

ISBN 978-4-296-00117-0 Printed in Japan